INVESTIR DANS L'OR

COMPRENDRE ET INVESTIR

par
Erik Pommerol

Copyright © 2023, Erik Pommerol
Tous droits réservés.

Toute reproduction même partielle du contenu, de la couverture des icônes, par quelque procédé que soit (électronique photocopie, bandes magnétiques ou autre) est interdite sans l'autorisation d'Erik Pommerol.
Le Code de la propriété intellectuelle interdit les copies ou les reproductions destinées à une utilisation collective.
Toute représentation ou reproduction intégrale ou partielle fait par
quelque procédé que ce soit, sans le consentement de l'Auteur de ses ayants cause est illicite et constitue une contrefaçon sanctionnée par les articles L335-2 et suivants du Code de propriété intellectuelle.

Avertissements

Les éléments contenus dans ce livre ne sont pas des conseils en investissements financiers personnalisés mais sont uniquement le partage de l'expérience d'Erik Pommerol. L'Auteur ne peut donc en aucun cas être tenu responsable de vos choix d'investissements. Afin de recevoir un conseil en investissement personnalisé, prennez contact avec un professionel.

TABLE DES MATIÈRES

1. Introduction : L'or dans l'histoire de la finance   7

L'or : l'élément, ses propriétés et son exploitation   8
L'or au fil des siècles : utilisation comme monnaie, valeur refuge, moyen de stockage de valeur   16
Usage : art et artisanat, médecine et industrie   19
L'or dans la modernité : place de l'or dans les systèmes monétaires modernes, utilisation comme actif financier, le prix   25

2. Les caractéristiques de l'or en tant qu'actif financier

La rareté de l'or : pourquoi l'or est-il considéré comme un actif rare et précieux   33
L'indépendance de l'or : pourquoi l'or est-il peu corrélé aux autres actifs financiers   34
L'universalité de l'or : pourquoi l'or est-il accepté dans le monde entier comme moyen de paiement   36

3. Investir dans l'or : opportunités et risques   39

Les différentes manières d'investir dans l'or : achat physique d'or, investissement dans les entreprises de l'industrie de l'or, ETF, cryptomonnaies   39
Les risques liés à l'investissement dans l'or : fluctuation des prix, coût de l'achat et du stockage physique de l'or, risques politiques et économiques   57

4. L'or dans les portefeuilles d'investissement : stratégies et recommandations   67

Comment intégrer l'or dans un portefeuille d'investissement : pourquoi et comment diversifier son portefeuille avec de l'or   67

Les différentes approches de l'investissement dans l'or : investissement à long terme, trading à court terme, fiscalité et succession 70

Les recommandations pour investir dans l'or : évaluation de ses objectifs d'investissement, choix des produits d'investissement adaptés, gestion du risque 78

5. Conclusion : L'or dans l'avenir de la finance — 83

Les perspectives de l'or 83

Bibliographie — 85

Chapitre 1: Introduction : L'or dans l'histoire de la finance

L'or a longtemps été considéré comme la valeur refuge par excellence. Depuis l'Antiquité, cet élément précieux a été utilisé comme monnaie, symbole de richesse et de pouvoir, ainsi que moyen de stockage de valeur. Aujourd'hui encore, l'or occupe une place importante dans les marchés financiers mondiaux, et il est souvent considéré comme un actif sûr pour diversifier un portefeuille d'investissement.

Dans ce livre, nous allons explorer l'histoire de l'or en tant que monnaie et valeur refuge, rapidement aborder ses utilisations industrielles et artistiques, puis se focaliser sur les différentes manières de l'investir, que ce soit en achetant de l'or physique, en investissant dans les entreprises de l'industrie de l'or, en utilisant des fonds négociés en bourse (ETF) ou encore des cryptomonnaies adossées à l'or. Nous verrons également les risques et opportunités associés à l'investissement dans l'or, ainsi que les aspects fiscaux, successoraux, et de stockage de cet actif précieux. Enfin, nous examinerons les perspectives d'avenir de l'or dans les marchés financiers, et comment il peut être utilisé comme outil de diversification pour protéger son portefeuille des fluctuations du marché.

L'or : l'élément, ses propriétés et son exploitation

L'or est un élément chimique du groupe 11 de la classification périodique des éléments. Son symbole chimique est "Au" et son numéro atomique est 79. Ce symbole, choisi par Jöns Jacob Berzelius, est formé des deux premières lettres du mot latin *aurum* (de même sens). C'est un métal précieux de couleur jaune qui est connu pour sa rareté, sa ductilité et sa malléabilité. Sa couleur jaune est due à la présence de cuivre dans son alliage. L'or pur, qui est aussi appelé or fin, a un titre de 999,9/1000, c'est-à-dire qu'il est composé à 99,99 % d'or pur et à 0,01 % d'autres métaux.

L'or est le métal le plus malléable et le plus ductile de tous les métaux, ce qui signifie qu'il peut être étiré en fils très fins sans se casser et qu'il peut être modelé facilement à la main. Cette propriété a permis à l'or d'être utilisé depuis l'Antiquité pour la fabrication de bijoux et de pièces de monnaie.

L'or est également très résistant à la corrosion et à l'oxydation, ce qui en fait un matériau durable. De plus, il est un excellent conducteur électrique et thermique, ce qui en fait un matériau précieux dans l'industrie électronique et de l'énergie.

Voici en résumé les propriétés physiques et chimiques de l'or :
- Masse atomique : 196,96657 u (unités de masse atomique)
- Numéro atomique : 79
- Symbole chimique : Au
- État de l'agrégat : solide
- Point de fusion : 1 064 °C
- Point d'ébullition : 2 856 °C
- Densité : 19,3 g/cm3
- Électronégativité : 2,54
- Rayon atomique : 144 pm (picomètres)

- Couleur : jaune
- Lustre : métallique
- Ductilité : très élevée (peut être étiré en fils très fins sans se casser)
- Malléabilité : très élevée (peut être modelé à la main facilement)
- Résistance à la corrosion : très élevée (résiste à la corrosion et à l'oxydation)
- Conductivité électrique : très élevée (excellent conducteur électrique)
- Conductivité thermique : très élevée (excellent conducteur thermique)

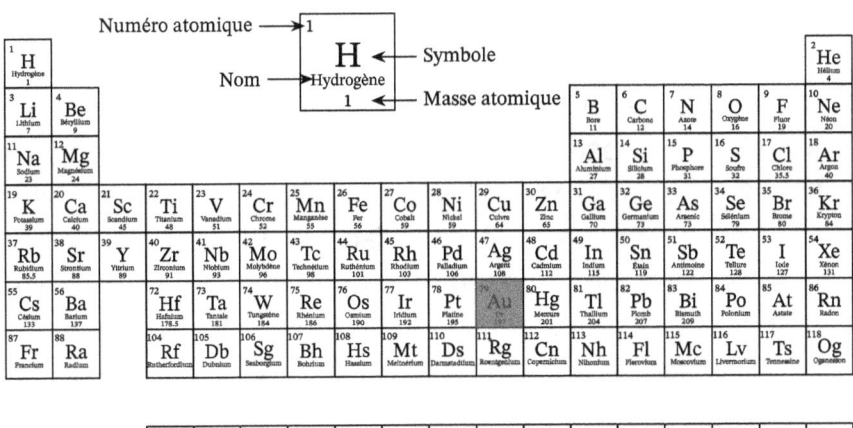

Emplacement de l'or dans le tableau périodique.

L'or est mesuré en once. L'once (abréviation : oz) est une unité de masse utilisée dans le système de mesure anglo-saxon. Elle est égale à 28,35 grammes. L'once est aussi utilisée pour mesurer d'autres métaux précieux, comme l'argent, mais elle est également utilisée dans d'autres domaines, comme la médecine ou la pharmacie, pour mesurer les doses de médicaments.

L'or est principalement extrait à partir de mines d'or. Il existe plusieurs types de gisements d'or, qui se différencient par leur mode de formation (gîtologie) et leur teneur en or :

- Gisements primaires : les gisements primaires sont formés directement à partir du magma en fusion, lors de la solidification de la croûte terrestre. Ils se trouvent généralement dans les couches profondes du sous-sol terrestre et sont caractérisés par une teneur en or relativement élevée, de l'ordre de quelques grammes par tonne de roche.

- Gisements secondaires : les gisements secondaires sont formés par l'érosion et le transport des roches contenant de l'or par les rivières et les ruisseaux puis la mer. Ils se trouvent généralement à la surface de la Terre, le long des rivières, des ruisseaux ou le long du littoral. Les gisements de placers, les plus connus, sont formés par l'accumulation de paillettes d'or dans les alluvions des rivières et des ruisseaux. Ils se trouvent généralement à la surface de la Terre et sont caractérisés par une teneur en or relativement faible, de l'ordre de quelques milligrammes par tonne de sédiments.

L'exploitation de l'or a connu son apogée dans l'Antiquité grâce à l'or des pays du Proche-Orient et de l'Afrique. L'Égypte ancienne était l'un des premiers grands producteurs d'or de l'histoire, et l'or était également extrait en grandes quantités en Grèce, en Italie et en Espagne. Puis elle a connu une nouvelle expansion au Moyen Âge grâce à l'or des mines d'Afrique de l'Ouest et de l'Amérique latine. Le métal jaune a également été extrait en grandes quantités en Amérique du Nord pendant la ruée vers l'or de 1849 en Californie.

Au cours des siècles suivants, l'exploitation de l'or s'est poursuivie à travers le monde, avec de nouvelles mines qui ont été découvertes en Afrique, en Australie, en Asie et en Amérique du Sud. Celle-ci est toujours une activité importante dans de nombreux pays du monde, bien que les techniques d'extraction aient évolué au fil du temps.

Les plus grandes mines d'or dans le monde, selon leur production annuelle sont :

1. Grasberg (Indonésie) : production annuelle de 1,2 million d'onces d'or.
2. Muruntau (Ouzbékistan) : production annuelle de 1,1 million d'onces d'or.
3. Pueblo Viejo (République dominicaine) : production annuelle de 900 000 onces d'or.
4. Cortez (Etats-Unis) : production annuelle de 900 000 onces d'or.
5. Yanacocha (Pérou) : production annuelle de 870 000 onces d'or.
6. Goldstrike (Etats-Unis) : production annuelle de 850 000 onces d'or.
7. Lihir (Papouasie-Nouvelle-Guinée) : production annuelle de 820 000 onces d'or.

8.Carlin Trend (Etats-Unis) : production annuelle de 750 000 onces d'or.

9.Veladero (Argentine) : production annuelle de 750 000 onces d'or.

10.Tropicana (Australie) : production annuelle de 730 000 onces d'or.

Il convient de noter que ces chiffres sont sujets à variation et peuvent être modifiés en fonction de l'évolution de la production d'or de chaque mine.

Or natif sur quartz.

Aujourd'hui, l'exploitation de l'or est donc une activité industrielle complexe qui nécessite des équipements sophistiqués et une main-d'œuvre qualifiée. Bien qu'elle apporte des avantages économiques importants, elle peut également avoir des impacts environnementaux négatifs si elle n'est pas menée de manière responsable :

- Déforestation et perturbation des écosystèmes : l'exploitation de l'or peut entraîner la déforestation et la perturbation des écosystèmes, en particulier dans les régions tropicales où les mines d'or sont souvent implantées.

- Pollution de l'eau et de l'air : l'exploitation de l'or peut entraîner la pollution de l'eau et de l'air par les rejets de produits chimiques utilisés pour l'extraction de l'or, tels que le cyanure ou le mercure.

- Érosion et sédimentation : l'exploitation de l'or peut entraîner l'érosion et la sédimentation des rivières et des ruisseaux, ce qui peut perturber la faune aquatique et affecter la qualité de l'eau.

- Impacts sociaux et culturels : l'exploitation de l'or peut également avoir des impacts sociaux et culturels, en particulier dans les régions où les populations autochtones dépendent de l'environnement pour leur subsistance.

L'exploitation de l'or en France remonte à l'Antiquité, mais c'est au Moyen Âge que l'extraction de l'or a connu son plus grand développement dans l'hexagone. À cette époque, les mines d'or de l'Ardèche et du Puy-de-Dôme étaient particulièrement productives et faisaient la richesse de la région.

Depuis, l'exploitation de l'or en France a connu des hauts et des bas. Au cours des siècles suivants, de nouvelles mines ont été découvertes, notamment en Limousin et dans les Alpes, mais l'exploitation de l'or a également été interrompue à plusieurs reprises en raison de la faiblesse des prix ou de la découverte de gisements plus productifs ailleurs dans le monde. La plus connue fut probablement la mine de Salsigne, dans l'Aude. Elle a été mise en exploitation en 1878 et a fonctionné jusqu'en 2004. La mine de Salsigne était l'une des plus importantes mines d'or d'Europe et a produit environ 20 tonnes d'or au cours de son exploitation. Cette dernière a été fermée en 2004 en raison de la baisse des taux d'extraction et des coûts de production élevés. Depuis sa fermeture, cette mine est devenue un site touristique, où les visiteurs peuvent découvrir les vestiges de l'exploitation minière et en apprendre davantage sur l'histoire de l'or en France.

Toutefois, l'exploitation de l'or en France reste un sujet d'actualité. Depuis quelques années, de nouveaux gisements d'or ont été découverts en France, notamment en Bretagne et en Normandie, suscitant l'intérêt de plusieurs sociétés minières. Les autorités locales et les défenseurs de l'environnement sont attentifs à la manière dont ces projets sont menés, et veillent à ce que l'exploitation de l'or se fasse de manière responsable et respectueuse de l'environnement.

A noter la particularité de l'histoire de l'or en Guyane. En effet, l'exploitation de l'or a été l'un des principaux moteurs économiques de la région depuis la fin du XVIIe siècle. La Guyane a été l'une des premières régions de l'Amérique du Sud à être colonisée par les Européens, principalement à cause de la découverte de gisements d'or dans la région.

L'exploitation de l'or en Guyane a connu plusieurs périodes de boom et de déclin au cours de son histoire. La première période de développement de l'exploitation de l'or en Guyane a eu lieu au XVIIIe siècle, lorsque les Français ont commencé à exploiter les gisements d'or de la région. La deuxième période de développement de l'exploitation de l'or en Guyane a eu lieu au XIXe siècle, lorsque les gisements d'or de la région ont été redécouverts et que de nouvelles techniques d'extraction ont été mises en place.

Aujourd'hui, l'exploitation de l'or en Guyane est principalement menée par des entreprises minières internationales, qui utilisent des techniques modernes d'extraction de l'or, telles que la cyanuration et le traitement par flottation. Cependant, l'exploitation de l'or en Guyane est également menée par des petits producteurs locaux, qui utilisent des techniques traditionnelles d'extraction de l'or, telles que le tamisage et le lavage à la main.

Orpaillage en Guyane.

Cette exploitation de l'or en Guyane a généré de nombreux emplois et a contribué au développement économique de la région. Cependant, elle a également entraîné des impacts environnementaux négatifs, tels que cités précédemment. Pour atténuer ces impacts, les autorités guyanaises ont mis en place des réglementations strictes pour réglementer l'exploitation de l'or.

L'or au fil des siècles : utilisation comme monnaie, valeur refuge, moyen de stockage de valeur

La découverte de l'or remonte à l'Antiquité, bien que la première utilisation connue de l'or remonte à environ 4000 av. J.-C. en Égypte. À cette époque, l'or était principalement utilisé pour la confection de bijoux et de objets de prestige, bien qu'il ait également été utilisé comme monnaie dans certains cas. Elle remonte à l'Antiquité, bien que la première utilisation connue de l'or remonte à environ 4000 av. J.-C. en Égypte. À cette époque, l'or était principalement utilisé pour la confection de bijoux et de objets de prestige, l'or était également utilisé dans la construction de temples et de tombeaux.

Le carat ?

Tout comme le titre au millième, le carat est une mesure de la pureté des bijoux ou des métaux considérés comme précieux. La différence avec le titre au millième est qu'un carat représente 1/24 de la masse totale d'un alliage. Cela signifie donc que de l'or 24 carats est totalement pur.

Le carat, ou son équivalent le titre en millième, sont très utilisés pour les estimations des métaux précieux et autres bijoux en or, pour le rachat d'or par exemple. Plus le nombre de carats est important, plus le métal est pur, le maximum étant 24. Ainsi, un bijou en or 8 carats a donc 8 parts d'or pur sur les 24 qui composent son alliage.

L'or est un métal précieux qui a été utilisé par les humains depuis l'Antiquité. Au fil des siècles, l'or a été utilisé à différentes fins, notamment comme monnaie, valeur refuge et moyen de stockage de valeur.

Les premières pièces d'or connues ont été frappées en Lydie, en Asie Mineure, vers 640 av. J.-C. Ces pièces étaient faites d'un alliage d'or et d'argent, et étaient utilisées comme monnaie courante dans la région. L'or a également été utilisé comme monnaie dans d'autres cultures antiques, comme l'Égypte, la Grèce, l'Empire romain et byzantin.

Au Moyen Âge, l'or a continué à être utilisé comme monnaie dans de nombreux pays d'Europe. Les rois et les empereurs ont frappé des pièces d'or pour payer leurs soldats et financer leurs guerres, et l'or a également été utilisé comme monnaie d'échange pour le commerce international.

Au cours des siècles suivants, l'or a continué à être utilisé comme monnaie dans de nombreux pays, bien que de nouvelles formes de monnaie aient également été introduites.

La frappe de pièces d'or est un processus complexe qui implique plusieurs étapes. Voici comment cela se déroule généralement :

- Fondre l'or : Tout d'abord, l'or est fondu et versé dans des moules pour être coulé sous forme de lingots.

- Étaler l'or : Les lingots d'or sont ensuite étalés et laminés pour obtenir une feuille d'or de la bonne épaisseur.

- Découper les pièces : La feuille d'or est découpée en disques de la taille souhaitée pour les pièces.

- Frapper les pièces : Les disques d'or sont placés dans une presse à monnaie et frappés à l'aide d'un poinçon pour imprimer l'image et l'inscription voulues sur les pièces.

- Contrôler la qualité : Enfin, les pièces frappées sont contrôlées pour s'assurer qu'elles répondent aux normes de qualité et de poids requises.

Il est important de noter que la frappe de pièces d'or nécessite des équipements spécialisés et une main-d'œuvre qualifiée. Elle est généralement réalisée par les autorités monétaires des pays, comme les banques centrales ou les ministères des Finances.

Au fil des siècles, l'or a également été utilisé comme valeur refuge. En période de crise, les gens ont souvent cherché à se protéger en investissant dans l'or, considéré comme un actif stable et fiable. L'or a également été utilisé comme moyen de stockage de valeur, permettant aux personnes de conserver la valeur de leur richesse sur le long terme.

L'or a été utilisé comme valeur refuge depuis l'Antiquité. En temps de crise, les gens ont souvent choisi de placer leur argent dans l'or, car il était perçu comme une valeur stable et sûre. Par exemple, pendant l'Empire romain, il était souvent utilisé pour stocker la richesse des familles aristocratiques, car il était moins sujet aux fluctuations de la monnaie papier.

Au cours des siècles suivants, l'or a également été utilisé comme valeur refuge à plusieurs reprises. Pendant la guerre de Trente Ans au XVIIe siècle, par exemple, l'or a été utilisé comme moyen de stockage de valeur par les familles aisées d'Allemagne, qui craignaient pour la sécurité de leurs biens en temps de conflit.

Pendant la Révolution française, l'or a aussi été utilisé comme moyen de stockage de valeur sûr alors que l'incertitude politique et économique régnait en France. Pendant la Première Guerre mondiale, par exemple, de nombreux investisseurs ont acheté de l'or pour se protéger contre l'inflation et la volatilité des marchés financiers.

Pendant la crise financière de 2008, par exemple, les prix de l'or ont atteint des niveaux record en raison de la forte demande des investisseurs qui cherchaient un placement sûr. Conséquence de cette crise, le marché du rachat d'or a connu une croissance sensible partout dans le monde au cours des cinq années suivantes. Alors que de nombreuses valeurs boursières s'effondrent à partir de 2007, le cours de l'or lui est resté solide et n'a fait que grimper durant les années suivant la crise. De même, pendant la crise de la dette souveraine de la zone euro en 2011, les prix de l'or ont également augmenté en raison de la demande des investisseurs qui voulaient se protéger contre l'incertitude économique. L'or a également été utilisé comme valeur refuge pendant la pandémie de COVID-19 en 2020, alors que les investisseurs cherchaient des actifs sûrs pour protéger leur richesse.

Usage : art et artisanat, médecine et industrie

L'or a été utilisé depuis des millénaires dans l'art, l'artisanat et la joaillerie. Cet élément précieux est reconnu pour sa beauté, sa durabilité et sa résistance à la corrosion, ce qui en fait un matériau idéal pour la création de bijoux et de pièces d'art. Il a dans l'Histoire et été largement utilisé pour orner les objets religieux, tels que les croix et les statues de dieux.

Dans l'art contemporain, l'or est souvent utilisé pour créer des œuvres d'art uniques et originales. Par exemple, de nombreux artistes l'utilisent en feuille ou en poudre (technique du « gilding ») pour créer des peintures et des dessins uniques, ou bien pour ajouter de la luminosité à leurs œuvres. L'or est également utilisé pour créer des sculptures et des installations artistiques, qui peuvent être exposées dans les galeries et les musées. Par exemple, l'artiste suisse Zaha Hadid a utilisé de l'or pour créer une sculpture intitulée "The Peak", qui a été exposée au musée Guggenheim de Bilbao en Espagne.

Technique du gilding.

Dans l'artisanat, il est souvent utilisé pour créer des objets décoratifs et pratiques. Par exemple, de nombreux artisans utilisent de l'or pour créer des bijoux, des objets de décoration pour la maison, des meubles et même des instruments de musique. L'or est également utilisé dans la création de bouteilles de parfum et de flacons de parfum de luxe, ainsi que dans la création de montures pour lunettes et de brosses à dents en or.

Dans la joaillerie, l'or est le matériau le plus utilisé pour créer des bijoux de toutes sortes. On le trouve souvent sous la forme de bagues, de bracelets, de colliers, de boucles d'oreilles et de pendentifs. Il est également utilisé pour créer des montres de luxe et des bijoux de mariage.

L'or a été utilisé depuis l'Antiquité comme médicament et est encore utilisé aujourd'hui dans certains traitements médicaux pour ses propriétés antiseptiques et anti-inflammatoires.

L'une des principales utilisations de ce métal en médecine est dans le traitement de la polyarthrite rhumatoïde, une maladie autoimmune qui cause de l'inflammation dans les articulations. Il est administré sous forme de médicament, généralement sous la forme de sels d'or intraveineux, pour réduire l'inflammation et améliorer la mobilité des articulations.

L'or est également utilisé dans le traitement de certaines maladies de la peau, telles que le lupus érythémateux disséminé et la dermatite herpétiforme. Dans ces cas, il est administré par voie orale sous forme de comprimés.

En outre, il est utilisé comme traitement adjuvant dans certains cancers, en particulier le cancer de la prostate. Dans ces cas, l'or est là encore administré sous forme de sels d'or intraveineux afin de stimuler le système immunitaire et de lutter contre la croissance des cellules cancéreuses. En médecine nucléaire, l'or est utilisé comme traceur radioactif pour suivre l'évolution de certains cancers. Des nanoparticules sont injectées dans le corps et suivies grâce à une imagerie par scintigraphie.

Enfin, l'or peut être utilisé dans la médecine esthétique pour améliorer l'apparence de la peau. Par exemple, il est utilisé dans les masques faciaux pour raffermir et tonifier la peau, ainsi que pour réduire les rides et les taches de vieillesse.

Il est important de noter que, comme pour tout médicament, il y a des risques potentiels associés à l'utilisation de l'or en médecine. Par exemple, l'utilisation à long terme de sels d'or peut entraîner des effets secondaires tels que des nausées, des vomissements et une perturbation de la fonction rénale. De plus, l'or injecté dans le corps peut causer des réactions allergiques graves. Il est donc important de discuter avec un médecin avant de décider d'utiliser de l'or comme traitement médical.

Dans l'industrie électronique, il est très apprécié pour ses propriétés uniques. En effet, il est très conducteur, ce qui le rend idéal pour la fabrication de circuits électroniques et de connexions électriques, car il peut être utilisé pour créer des connexions précises et fiables entre différents composants électroniques.

Les alliages ?

L'or est souvent utilisé dans des alliages pour en augmenter la dureté ou pour lui donner d'autres propriétés. Voici quelques exemples d'alliages comprenant de l'or :

- L'or blanc est un alliage d'or et d'argent. Il est souvent utilisé en bijouterie car il a un aspect brillant et est relativement dur.

- L'or jaune est un alliage d'or et de cuivre. Il est le plus couramment utilisé en bijouterie car il a une belle couleur dorée.

- L'or rouge est un alliage d'or et de palladium. Il a une couleur rougeâtre et est souvent utilisé dans les bijoux de mariage.

- L'or rose est un alliage d'or et de cuivre ou de palladium. Il a une couleur rosée et est souvent utilisé en bijouterie.

- L'or gris est un alliage d'or et de nickel. Il a une couleur grisâtre et est souvent utilisé dans les bijoux de mariage.

Il existe également d'autres alliages comprenant de l'or, tels que l'or noir (alliage d'or et de cobalt) ou l'or vert (alliage d'or, de cuivre et de zinc). En général, l'ajout d'un autre métal à l'or permet d'améliorer ses propriétés mécaniques et esthétiques, mais peut également en diminuer la pureté et la valeur.

De plus, il est très résistant à la corrosion et à l'oxydation, ce qui en fait un choix de premier ordre pour les applications exigeantes en termes de durée de vie et de fiabilité. Cela en fait également un matériau idéal pour la création de connecteurs et de prises électriques qui doivent être utilisés de manière répétée.

L'or est également utilisé dans la fabrication de capteurs et de senseurs de haute précision, notamment dans les domaines de la médecine et de l'aérospatiale.

L'or est également utilisé dans l'industrie de la téléphonie mobile et des ordinateurs, où il est utilisé dans la fabrication de circuits imprimés et de composants électroniques de haute précision.

Dans l'industrie médicale, il est également largement utilisé dans les prothèses médicales.

Les prothèses dentaires en or sont particulièrement populaires, car elles sont résistantes et durables, et ne provoquent pas d'allergies chez les patients. L'or est également utilisé dans les prothèses auditives et les stimulateurs cardiaques, car il est facilement malléable et peut être facilement travaillé pour s'adapter à la forme de chaque patient.

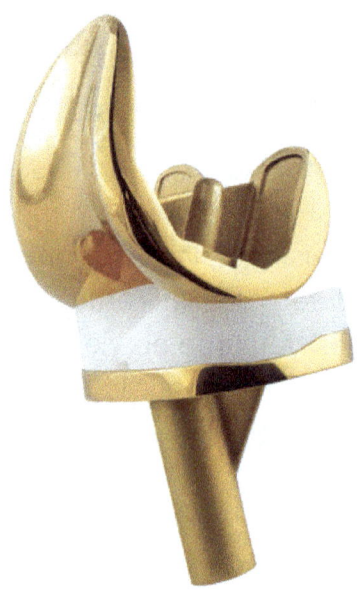

Prothèse du genoux en or (OURO TM).

L'or dans la modernité : place de l'or dans les systèmes monétaires modernes, utilisation comme actif financier, le prix

L'or a joué un rôle important dans les systèmes monétaires à travers l'histoire, et il continue à occuper une place de choix dans les systèmes monétaires modernes. En effet, bien que de nouvelles formes de monnaie aient été introduites au fil des siècles, l'or demeure un actif précieux et stable qui est largement utilisé dans le monde financier.

Aujourd'hui, l'or est principalement utilisé comme valeur refuge et comme moyen de stockage de valeur. De nombreux investisseurs choisissent de placer une partie de leur richesse dans l'or, car il est perçu comme une valeur sûre en temps de incertitude économique ou financière. L'or est également utilisé comme couverture contre l'inflation, car sa valeur tend à augmenter au fil du temps.

En outre, l'or est également utilisé comme réserve de valeur par les banques centrales et les gouvernements. Les banques centrales ont l'habitude de détenir de l'or comme réserve de valeur, et elles peuvent échanger de l'or contre des devises étrangères lorsqu'elles en ont besoin. De nombreux gouvernements également détiennent de l'or comme réserve de valeur, et ils peuvent le vendre pour financer des projets ou pour stabiliser leur économie.

L'or est échangé sur le marché des métaux précieux, principalement sur les places de New York, Londres, Zurich et Hong Kong.

Il existe d'autres places, mais elles ne font que relayer via internet ces principaux marchés, comme c'est par exemple le cas des plateformes de négoce d'options binaires. Il est coté en once (troy ounce) (1 once = 31,103 476 8 g) et en dollars américains. L'or est négocié en continu dans le monde entier sur la base du prix au comptant intra-jour, dérivé des marchés de vente aurifères en vente libre à travers le monde (code « XAU »).

A ce stade, nous pouvons nous demander comment est fixer le prix de l'or ? Le prix de l'or est fixé par la procédure de cotation quotidienne, qui est le processus par lequel la London Bullion Market Association (LBMA) fixe le prix de l'or. La LBMA détermine ce prix deux fois par jour, à 10h30 et à 15h00 (GMT) chaque jour ouvrable.

La LBMA prend en compte la demande d'or des acheteurs et l'offre des vendeurs, ainsi que la quantité d'or physique disponible à la vente ou à l'achat. Ce processus est appelé le fixing. Le fixing est fixé par un processus de comparaison entre les offres (offres des acheteurs) et les demandes (demandes des vendeurs). Le nombre maximum d'offres et de demandes qui peuvent être satisfaites à ce prix est déterminé par l'équilibre entre les lingots à vendre et à acheter. Le fixing de chaque jour est libellé en dollars, mais converti en euros ; il est ensuite exprimé en onces.

La dernière cotation officielle de l'or en France remonte au 16 septembre 2004, date à laquelle les Avis n 2004 2993 d'Euronext Paris ont indiqué qu'il n'y aurait plus de cotations officielles.

Depuis lors, le prix de l'or est fixé librement par les vendeurs.

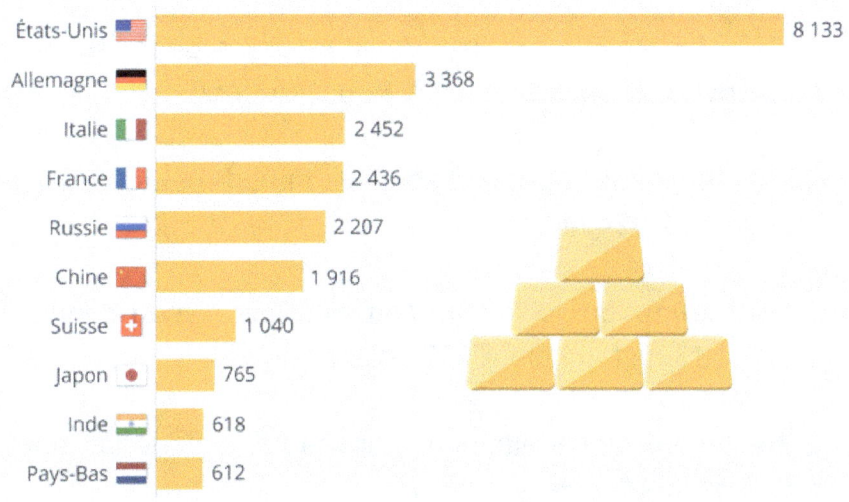

Réserves d'or par pays en 2019 (en tonnes). Source FMI.

La cotation fait référence à l'acte de fixer des prix. L'acte de cotation est souvent effectué par des vendeurs et des clients qui tentent de déterminer la valeur d'un article ou d'un service. Cela se fait par le biais d'une ou plusieurs règles établies par la société et/ou par des règlements, ces règles peuvent aussi être implicites. La mondialisation a également contribué à faciliter ce processus, car elle permet la communication entre des personnes du monde entier (notamment celles qui ne parlent pas la même langue). Le commerce à haute fréquence et la spéculation sur les marchés financiers sont deux exemples de la façon dont la cotation peut entraîner des changements rapides dans les prix.

Le prix de l'or a connu de nombreuses fluctuations au cours de son histoire. Voici quelques événements marquants qui ont influencé l'évolution du prix de l'or :

- XVIIIe siècle : le prix de l'or est fixé à 35 dollars l'once, soit environ 1 100 dollars aujourd'hui.

- 1971 : le prix de l'or est dévalué par rapport au dollar, passant de 35 dollars l'once à 42 dollars l'once.

- 1980 : le prix de l'or atteint son plus haut niveau de l'histoire, atteignant 1 924 dollars l'once.

- 1999 : le prix de l'or atteint son plus bas niveau depuis les années 1980, tombant à 252 dollars l'once.

- 2009 : le prix de l'or atteint un nouveau record, dépassant les 1 000 dollars l'once.

- 2011 : le prix de l'or atteint son plus haut niveau de l'histoire, atteignant 1 923 dollars l'once.

- 2016 : le prix de l'or atteint un nouveau creux, tombant à 1 101 dollars l'once.

- 2020 : le prix de l'or atteint un nouveau plus haut historique : 2 058 dollars l'once.

Beaucoup de spécialistes s'accordent à dire que l'or pourrait connaître un nouveau plus haut historique courant 2023.

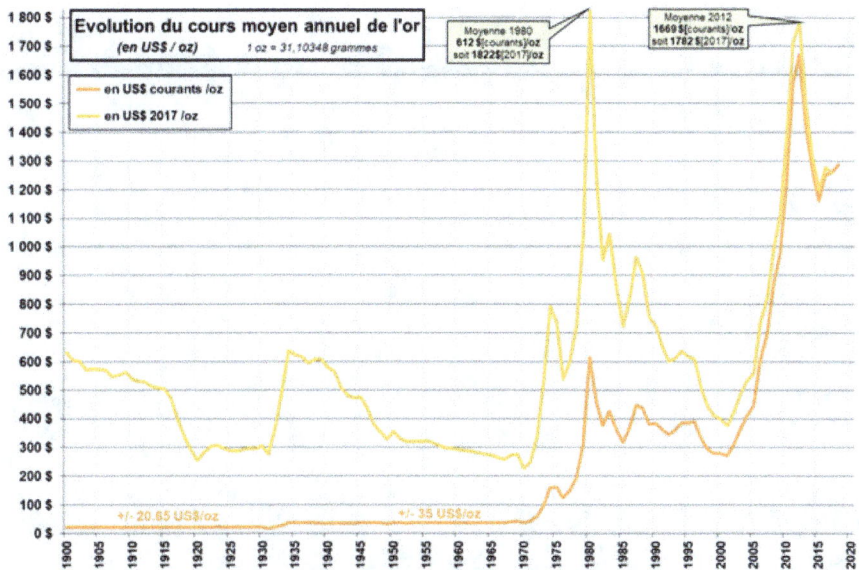

Évolution du prix moyen annuel de l'or depuis 1900 (en US$ courants/oz et en US$ 2017/oz). Source: MineralInfo.

Cours de l'or en €/oz sur 3 ans, de septembre 2017 à septembre 2020. Source: LBMA.

Les « Accords de Bretton Woods » ?

Les accords de Bretton Woods, signés en 1944, étaient un ensemble de réglementations financières internationales qui avaient pour objectif de stabiliser les échanges monétaires et de promouvoir la reconstruction économique des pays dévastés par la Seconde Guerre mondiale. Ces accords ont notamment eu une grande importance pour l'or, car ils ont établi le système monétaire international qui a prévalu jusqu'aux années 1970.

Selon les accords de Bretton Woods, le dollar américain était lié à l'or à un taux de 35 dollars par once, ce qui signifiait que les pays pouvaient échanger leur monnaie contre de l'or auprès de la Réserve fédérale américaine. En contrepartie, les autres pays s'engageaient à fixer leur taux de change par rapport au dollar américain et à maintenir la stabilité de leur monnaie.

Ce système monétaire a permis de maintenir la stabilité financière et de favoriser le commerce international pendant de nombreuses années. Cependant, il a également créé des tensions et des problèmes à mesure que les économies mondiales se développaient et que les taux de change fluctuaient. En 1971, le président américain Richard Nixon a mis fin au lien entre le dollar et l'or, mettant fin officiellement aux accords de Bretton Woods. Depuis lors, l'or n'est plus utilisé comme monnaie internationale et joue plutôt un rôle de valeur refuge dans les marchés financiers.

A noter l'existence du World Gold Council, une association internationale de sociétés minières de premier plan qui sont spécialisées dans l'exploitation de l'or. Fondé en 1987, le World Gold Council a pour mission de promouvoir l'utilisation de l'or dans les domaines de l'industrie, de la bijouterie et de la finance. Le World Gold Council publie régulièrement des études et des statistiques sur l'or et ses différentes utilisations. Il travaille également avec les gouvernements, les banques centrales et les autres acteurs du marché de l'or pour développer des normes et des pratiques responsables dans l'industrie de l'or. En plus de sa mission de promotion de l'or, le World Gold Council s'engage également dans des initiatives de développement durable dans les régions où il est actif. Il travaille notamment avec les communautés locales pour promouvoir l'emploi et la croissance économique durable.

Selon ce World Gold Council, environ 18 % de l'or produit dans le monde est utilisé comme réserve de valeur par les banques centrales et les gouvernements. Les banques centrales achètent de l'or pour diversifier leurs réserves de change et stabiliser leur monnaie. Le reste de l'or produit dans le monde est utilisé dans l'industrie (22 %), la bijouterie (50 %) et l'investissement (10 %).

En ce qui concerne l'investissement dans l'or, les particuliers et les institutions peuvent acheter de l'or sous forme de pièces, de lingots ou de fonds négociables en bourse (ETF). Selon le World Gold Council, environ 90 % de l'or utilisé pour l'investissement est acheté par des particuliers, tandis que les institutions financières représentent environ 10 % de cet investissement.

Chapitre 2: Les caractéristiques de l'or en tant qu'actif financier

La rareté de l'or : pourquoi l'or est-il considéré comme un actif rare et précieux

L'or est est considéré comme rare principalement en raison de sa rareté relative et de sa demande constante dans de nombreux domaines, tels que la bijouterie, l'industrie électronique et la finance. De plus, l'or est difficile à imiter et à contrefaire, ce qui contribue à sa rareté

Il y a plusieurs facteurs qui contribuent à la rareté de l'or :

- La rareté de l'or dans la nature : l'or est relativement rare dans la croûte terrestre, avec une concentration moyenne de seulement 0,004 ppm (parties par million). Cela signifie qu'il y a environ 0,004 gramme d'or pour chaque tonne de roche. En comparaison, l'argent est environ 17 fois plus abondant dans la nature. L'or est donc rare parce qu'il y en a une quantité limitée disponible sur Terre. Selon le World Gold Council, environ 190 000 tonnes d'or ont été extraites depuis l'Antiquité. Bien que cette quantité semble importante, elle représente en réalité une petite partie de la quantité totale d'or présente sur la planète.

- Coût de l'extraction de l'or : l'or se trouve souvent à des profondeurs importantes et est difficile à extraire. De nombreux mines d'or sont situées dans des régions éloignées et difficiles d'accès, ce qui rend l'extraction de l'or coûteuse et complexe.

- Demande constante de l'or : l'or est une matière première très demandée dans de nombreux domaines, tels que la bijouterie, l'industrie électronique et la finance. Sa demande est relativement constante, ce qui contribue à maintenir son prix à des niveaux élevés.

En résumé, l'or est rare en raison de sa rareté sur Terre, de sa difficulté à imiter et à contrefaire, et de sa quantité limitée disponible. Cette rareté fait de l'or un élément chimique précieux qui a été convoité à travers l'histoire.

L'indépendance de l'or : pourquoi l'or est-il peu corrélé aux autres actifs financiers

L'or est souvent considéré comme un actif financier indépendant des autres marchés financiers, ce qui en fait une valeur refuge en période de crise économique ou politique. En effet, l'or est perçu comme une valeur stable et sûre, et il a tendance à être moins volatil que d'autres actifs financiers, comme les actions ou les obligations.

Il y a plusieurs raisons pour lesquelles l'or est considéré comme indépendant des autres marchés financiers. Tout d'abord, l'or n'est pas soumis aux mêmes facteurs économiques que les autres actifs financiers.

Par exemple, les fluctuations des taux d'intérêt ou l'inflation n'ont pas d'impact direct sur l'or. De plus, l'or n'est pas soumis aux lois de l'offre et de la demande comme les autres actifs financiers, car il n'y a pas de "production" d'or de la même manière qu'il y a une production de biens ou de services.

En outre, l'or est un actif tangible qui peut être stocké et transporté. Cette caractéristique le rend moins vulnérable aux fluctuations des marchés financiers et aux risques de crédit.

Enfin, l'or est un actif liquide, ce qui signifie qu'il est facilement négociable et qu'il peut être converti en argent rapidement. Cette liquidité peut être utile en cas de besoin de liquidités ou d'opportunités d'investissement.

En résumé, l'or est considéré comme un actif indépendant des marchés financiers en raison de sa valeur refuge, de sa faible corrélation aux autres actifs et de sa liquidité. Ces caractéristiques en font un moyen de diversifier un portefeuille financier et de réduire le risque global.

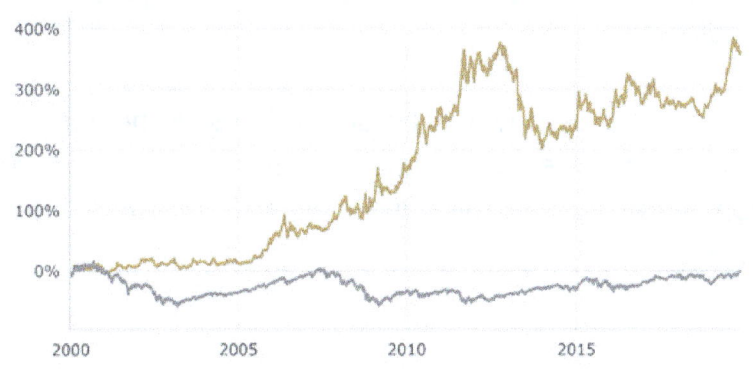

Décorrélation entre le cours de l'or et le CAC 40. Source: LBMA.

L'universalité de l'or : pourquoi l'or est-il accepté dans le monde entier comme moyen de paiement

L'or est accepté dans le monde entier comme moyen de paiement car il est perçu comme une valeur stable et universelle. En effet, l'or est encore utilisé aujourd'hui comme moyen de paiement international.

Il y a plusieurs raisons pour lesquelles l'or est considéré comme universel. Tout d'abord, l'or est un élément chimique qui ne se détériore pas avec le temps, ce qui en fait un métal précieux qui a une longue durée de vie. En outre, l'or est facilement transportable et peut être divisé en petites unités, ce qui en fait un moyen de paiement pratique.

Enfin, l'or est accepté dans le monde entier comme moyen de paiement car il est universellement reconnu et apprécié pour sa valeur et sa beauté. En effet, l'or a une forte valeur symbolique dans de nombreuses cultures, ce qui contribue à son acceptation universelle comme moyen de paiement. Depuis l'Antiquité, l'or a été associé à la richesse, à la puissance et à la royauté, et ces associations ont contribué à sa valeur symbolique.

Il est possible de payer avec de l'or dans de nombreux pays à travers le monde, bien que la manière de le faire et la acceptation de l'or en tant que moyen de paiement varient d'un pays à l'autre.

Dans certaines parties du monde, comme en Afrique et en Asie, l'or est traditionnellement utilisé comme moyen de paiement pour les transactions de grande valeur, comme l'achat d'une maison ou d'un terrain. En Afrique, l'or est souvent utilisé comme moyen de paiement pour les transactions informelles, telles que l'achat et la vente de produits agricoles. En Inde, il est aussi courant de payer avec de l'or pour les transactions de grande valeur, notamment là encore pour l'achat de biens immobiliers. Cette pratique est en général en déclin en raison de la croissance de l'utilisation des monnaies nationales.

Dans d'autres pays, l'or est moins couramment utilisé comme moyen de paiement, mais il est tout de même accepté par certains commerçants et institutions financières. En Europe, par exemple, il est possible de payer avec de l'or dans certaines banques et boutiques de bijoux, bien que cette pratique soit relativement rare.

Il est également possible de payer avec de l'or en utilisant des cartes de crédit ou des comptes bancaires qui permettent de dépenser de l'or comme s'il s'agissait de monnaie courante. Cependant, il est important de noter que l'utilisation de l'or comme moyen de paiement peut être soumise à des frais et à des restrictions en fonction du pays et de la situation.

Il est également possible de payer avec de l'or en ligne, grâce à des plateformes de paiement en ligne qui acceptent l'or comme moyen de paiement.

Cependant, il est important de noter que l'or n'est pas accepté comme moyen de paiement dans tous les pays et qu'il peut y avoir des restrictions sur son utilisation comme moyen de paiement.

Chapitre 3: Investir dans l'or : opportunités et risques

Les différentes manières d'investir dans l'or : achat physique d'or, investissement dans les entreprises de l'industrie de l'or, ETF, cryptomonnaies

Il existe plusieurs manières d'investir dans l'or. L'une des manières les plus courantes d'investir dans l'or est de l'acheter sous forme de pièces ou de lingots et de le conserver en tant qu'actif physique. Cette approche permet de détenir l'or de manière concrète et de le conserver en tant que réserve de valeur. Une autre manière d'investir dans l'or est de le faire en achetant des actions d'entreprises de l'industrie de l'or, comme des sociétés minières ou des fabricants de bijoux en or. Cette approche permet d'investir dans l'industrie de l'or tout en bénéficiant des fluctuations du cours de l'or. Enfin, les ETF permettent d'investir dans l'or sans avoir à acheter l'or physique. Les ETF sur l'or suivent généralement le cours de l'or et sont cotés en bourse, ce qui en fait un moyen facile d'investir dans l'or sans avoir à gérer l'achat et la conservation de l'or physique.

L'achat physique d'or s'agit de l'option la plus directe pour investir dans l'or.

On peut acheter de l'or sous forme de pièces ou de lingots auprès de revendeurs agréés ou de banques. L'avantage de cette option est que l'on possède réellement de l'or, ce qui peut être rassurant pour certains investisseurs. Cependant, il faut tenir compte des coûts de stockage et de transport de l'or, ainsi que des risques de vol ou de perte.

Il existe plusieurs manières d'acheter de l'or physique :

- Auprès de revendeurs agréés : il est possible d'acheter de l'or auprès de revendeurs agréés, comme des compagnies d'achat et de vente d'or ou des bijoutiers. Ces revendeurs proposent généralement de l'or sous forme de pièces ou de lingots de différentes tailles et poids.

- Auprès de banques : il est également possible d'acheter de l'or auprès de banques, qui proposent souvent de l'or sous forme de lingots ou de pièces. Certaines banques proposent également des comptes d'épargne en or, qui permettent de déposer de l'argent et de recevoir de l'or en retour.

- En ligne : il est également possible d'acheter de l'or en ligne auprès de revendeurs spécialisés. Il est important de vérifier la réputation et la fiabilité de ces revendeurs avant de passer une commande. Voici une liste non exhaustive : eBay, Amazon et Gold Silver proposent de l'or physique à la vente. Vous pouvez acheter de l'or sous forme de lingots, de pièces ou de bijoux. Money Metals Exchange, un courtier en or, et UBS, une banque suisse, proposent aussi ce type de service.

Un lingot d'or est un bloc d'or métallique raffiné de n'importe quelle forme (pièce de monnaie, barre) produit par un fabricant respectant des normes de fabrication, d'étiquetage et de suivi administratif. Les lingots les plus gros sont obtenus en faisant couler de l'or fondu dans un moule. Les plus petits sont souvent obtenus par estampage ou matriçage à partir de feuilles d'or roulées.

Il existe diverses normes et réglementations relatives à la fabrication des lingots d'or, à leur étiquetage et aux pratiques administratives qui doivent être respectées par toute entreprise souhaitant vendre des lingots d'or.

Les lingots d'or dits « Good Delivery » (de bonne livraison) définis par la LBMA (London Bullion Market Association) détenus comme réserve d'or par les banques centrales pèsent 400 onces troy, soit 12,4 kg et ont une pureté en or supérieure à 99,5 % (En France ces lingots sont qualifiés « Barres d'or »). Les lingots de fabrication française ne répondent pas à ces critères. Aucune fonderie française n'est désormais référencée auprès de la LBMA. D'autres tailles sont utilisées dans le Monde que les « Good Delivery ». Par exemple, les barres de 1 kilogramme (32,2 oz) sont également populaires, les autres fréquemment utilisées font 10 oz (310 g), 1 oz (31 g), 10 g, 20 g, 100 g, 1 kg, 1 Tael (50 g en Chine) et 1 Tola (11,3 g).

Les bonnes barres de livraison qui sont conservées dans le système du marché des lingots de Londres ont chacune une chaîne de contrôle vérifiable, en commençant par le raffineur et le testeur, et en continuant par le stockage dans des coffres reconnus par la LBMA.

Les barres du système LBMA peuvent être achetées et vendues facilement. Si une barre est retirée des coffres et stockée en dehors de la chaîne d'intégrité, par exemple stockée à domicile ou dans un coffre-fort privé, elle devra être ré-dosée avant de pouvoir être renvoyée dans la chaîne LBMA. Ce processus est décrit dans les "règles de bonne livraison" de la LBMA.

La chaîne de contrôle de la LBMA comprend les raffineurs ainsi que les chambres fortes. Les deux doivent respecter leurs directives strictes. Les produits en lingots de ces raffineurs de confiance sont échangés à leur valeur nominale par les membres de la LBMA sans test de dosage. En achetant des lingots à un revendeur membre de la LBMA et en les stockant dans un coffre-fort reconnu par la LBMA, les clients évitent le besoin de procéder à un nouveau dosage ou les inconvénients en termes de temps et d'argent que cela coûterait.

Le lingot: un symbole de richesse et de prospérité.

Lingot d'1 ounce du Crédit Suisse.

Concernant les pièces d'or produites actuellement, il existe principalement :

- Les pièces d'or française : La Monnaie de Paris, qui est l'institution responsable de la production des pièces et billets en France, a produit : La pièce d'or Napoléon : cette pièce d'or a été produite en différentes tailles et poids, allant de 1/4 d'once à 20 francs Napoléon ; La pièce d'or Marianne : cette pièce d'or a été produite en différentes tailles et poids, allant de 1/4 d'once à 20 francs Marianne ; La pièce d'or Louis d'or : cette pièce d'or a été produite en différentes tailles et poids, allant de 1/4 d'once à 20 francs Louis.

Des pièces actuelles sont actuellement produites, très diversifiées et millésimées.

- Les pièces d'or américaines : les pièces d'or américaines les plus connues sont la pièce d'or Eagle, la pièce d'or Buffalo et la pièce d'or Saint-Gaudens. Ces pièces sont produites par la United States Mint et sont disponibles en différentes tailles et poids.

- Les pièces d'or canadiennes : les pièces d'or canadiennes les plus connues sont la pièce d'or Maple Leaf et la pièce d'or Polar Bear. Ces pièces sont produites par la Royal Canadian Mint et sont disponibles en différentes tailles et poids.

- Les pièces d'or australiennes : les pièces d'or australiennes les plus connues sont la pièce d'or Kangaroo, la pièce d'or Kookaburra et la pièce d'or Koala. Ces pièces sont produites par la Royal Australian Mint et sont disponibles en différentes tailles et poids.

- Les pièces d'or britanniques : les pièces d'or britanniques les plus connues sont la pièce d'or Britannia et la pièce d'or Queen's Beasts. Ces pièces sont produites par la Royal Mint et sont disponibles en différentes tailles et poids.

Émise par United States Mint depuis 1986, l'American Eagle 1 once appartient à la catégorie des pièces modernes. Aussi appelée American Gold Eagle ou Eagle américain, l'American Eagles or pèse 33,931 grammes, avec un titre de 917 pour 1000 en or 22 carats. L'American Eagle 1 once est aussi disponible en argent: American silver Eagle. Quant à la taille de l'American Eagle 1 once en or, elle possède un diamètre de 32,7 mm.

La Canadian Maple Leaf (feuille d'érable canadienne) est la pièce d'or officielle du Canada et est frappée par la Monnaie Royale Canadienne. C'est l'une des pièces les plus pures du monde avec de l'or fin de 24 carats (0,9999).

Cette pièce d'Or Kangaroo 1 once est une pièce d'or australienne d'une valeur faciale de 100 dollars australien. Un kangourou, symbole australien par excellence, est visible sur la pièce. Cette once d'or australienne Kangourou est aussi appelée « nugget » (pépite) en raison de son histoire et de son effigie qui a évolué au cours des années.

Frappée depuis 1987, cette pièce d'investissement en or fin tient son nom de la représentation de Britannia, figure allégorique apparue pour la première fois sur des monnaies anglaises en 1672 (sous le règne de Charles II).

Le Louis d'or ?

Le Louis d'or est une monnaie d'or qui a été frappée pour la première fois en France en 1640 sous le règne de Louis XIII. Elle a été frappée jusqu'en 1793, année de la fin du règne de Louis XVI et de la Révolution française.

Le Louis d'or était une pièce d'or fin, pesant environ 6,7 grammes et contenant environ 5,8 grammes d'or pur. Elle portait le buste de Louis XIII, XIV, XV ou XVI sur une face et le blason de France sur l'autre.

Le Louis d'or a été utilisé comme monnaie d'échange en France et dans de nombreux pays d'Europe, en Afrique et en Amérique du Nord. Il a également été utilisé comme monnaie de réserve par de nombreux gouvernements et banques centrales.

Au fil des années, le Louis d'or a connu de nombreuses variations de poids et de pureté en raison de l'inflation et de la dévaluation de la monnaie. En 1726, par exemple, le Louis d'or a été dévalué de 20 %, ce qui a entraîné une baisse de sa valeur.

Bien que le Louis d'or ne soit plus frappé depuis plus de 200 ans, il continue d'être apprécié par les collectionneurs et les investisseurs en raison de sa beauté et de son histoire.

Ce Louis d'Or de 24 Livres fut le dernier "Louis" fabriqué avant l'arrivée de la grande lignée des Napoléons Or. Cette pièce en Or fut uniquement frappée entre 1792 et 1793 dans les ateliers de frappe de Paris et Toulouse. On distingue sur l'avers de la pièce, l'effigie de Louis XVI avec le millésime en calendrier grégorien sous la "tête" ; sur le revers de la pièce on voit le génie de la république avec la période du calendrier républicain sous ce dernier.

Concernant l'investissement dans les entreprises de l'industrie de l'or, là encore plusieurs solutions s'offrent à vous :

- Vous pouvez acheter des actions d'entreprises de l'industrie de l'or qui sont cotées en bourse, comme Barrick Gold, Newmont Corporation ou encore AngloGold Ashanti. Cette option permet de profiter de la croissance de l'entreprise et de ses bénéfices. Il est possible d'acheter des actions d'entreprises de l'industrie de l'or en passant par une plateforme de trading en ligne ou en passant par un courtier en actions. Il est important de choisir une entreprise solide et bien gérée pour minimiser les risques de perte en capital.

- Vous pouvez investir dans des certificats d'investissement qui suivent l'évolution des entreprises de l'industrie de l'or. Cette option permet d'investir dans les entreprises de l'industrie de l'or sans acheter directement des actions.

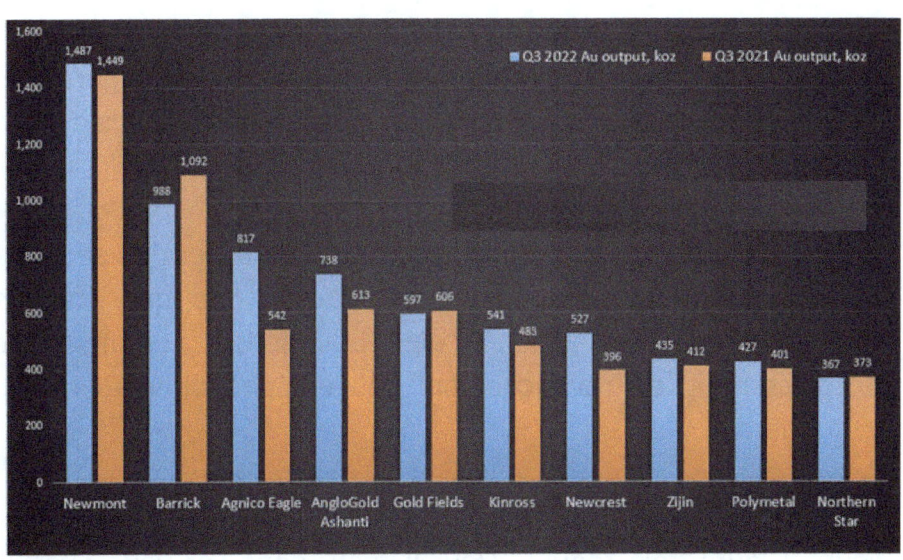

Top 10 des plus grosses sociétés aurifères au 3ème trimestre 2022. En bleu: 2022; en orange: 2021. Source: or-argent.eu

Évoquons maintenant les ETF. Un ETF (Exchange Traded Fund) est un fonds négocié en bourse qui réplique l'évolution d'un indice, d'une matière première ou d'une catégorie d'actifs. Les ETF permettent aux investisseurs de diversifier leur portefeuille en achetant un seul produit qui reflète la performance d'un large éventail d'actifs.

Les ETF sont similaires aux fonds communs de placement, mais ils ont quelques différences clés :

- Les ETF sont cotés en bourse, ce qui signifie qu'ils peuvent être achetés et vendus comme n'importe quelle action. Les fonds communs de placement, en revanche, ne sont pas cotés en bourse et ne peuvent être achetés et vendus qu'à la fin de la journée.

- Les ETF ont généralement des frais de gestion plus bas que les fonds communs de placement, car ils sont gérés de manière passive et ne cherchent pas à battre l'indice qu'ils suivent.

- Les ETF permettent aux investisseurs de cibler des secteurs spécifiques ou des catégories d'actifs, tels que l'or, les obligations, les actions, etc. Les fonds communs de placement, en revanche, ont souvent une orientation plus générale.

Les ETF présentent plusieurs avantages, au premier desquels figurent leurs frais réduits. Pour investir dans l'or vous avez le choix entre deux types d'ETF :

- les ETF d'entreprises aurifères ;
- les ETF qui répliquent le cours de l'or à proprement parler.

En investissant dans un panier d'actions aurifères vous obtenez ainsi un investissement qui va se comporter peu ou prou comme le cours de l'or. C'est précisément l'objectif des ETF d'entreprises aurifères.

L'avantage de ces ETF c'est qu'ils sont générateurs de revenus à travers les dividendes des entreprises. Leurs inconvénients c'est qu'ils ne répliquent pas à proprement parler le cours de l'or.

Autre possibilité, avoir un actif équivalant à de l'or physique, il faut alors regarder du côté des ETC. Un ETC pour Exchange Traded Commodities est une matière première cotée en bourse. C'est un type d'ETF qui investit exclusivement dans des contrats à terme sur des matières premières. De cette façon les ETC peuvent répliquer très fidèlement le cours de l'or.

Voici une sélection d'ETF (à notre connaissance, il n'existe malheureusement pas d'ETF sur l'or éligible au PEA) :

- SPDR Gold Shares (GLD) : cet ETFémis par State Street Global Advisors, permet d'investir dans de l'or physique et est l'un des plus connus et des plus liquides.

- iShares Gold Trust (IAU) : comme le SPDR Gold Shares, cet ETF, émis par BlackRock, permet d'investir dans de l'or physique et est également très populaire.

- Aberdeen Standard Physical Gold Shares ETF (SGOL) : cet ETF, émis par Aberdeen Standard Investments, investit dans de l'or physique sous forme de lingots et est coté sur la Bourse de New York.

- VanEck Vectors Gold Miners ETF (GDX) : cet ETF, émis par VanEck, investit dans des entreprises de l'industrie de l'or, notamment des producteurs d'or et des sociétés minières.

- Invesco DB Gold Fund (DGL) : cet ETF, émis par Invesco, permet d'investir dans des contrats à terme sur l'or et est coté sur la Bourse de New York.

Enfin, évoquons les cryptomonnaies adossées à l'or. Le but de ces cryptomonnaies est de combiner les avantages des monnaies virtuelles, comme la rapidité des transactions et la facilité d'utilisation, avec la sécurité et la stabilité de l'or, qui a prouvé sa valeur au fil des siècles.

Voici quelques exemples de cryptomonnaies adossées à l'or :

- XAUcoin : cette cryptomonnaie est adossée à l'or physique stocké dans des réserves auditées. Une unité de XAUcoin correspond à un gramme d'or, et les utilisateurs peuvent acheter et vendre des XAUcoins avec de l'or physique ou des devises fiat.

- Tether Gold (XAUT) : Tether est une société connue pour ses stablecoins, qui sont des cryptomonnaies adossées à des devises fiat. Tether Gold (XAUT) est une version de Tether adossée à de l'or physique, avec une unité de XAUT correspondant à une once d'or. Tether Gold est géré par Tether Limited, une société spécialisée dans les monnaies stables.

- Digix Gold Token (DGX) : Digix est une société qui propose une plateforme de tokenisation de l'or, permettant aux utilisateurs d'acheter des tokens DGX qui sont adossés à de l'or physique stocké dans des réserves auditées. Une unité de DGX correspond à un gramme d'or. Digix Gold Token est géré par Digix Global, une société spécialisée dans le stockage et la gestion de métaux précieux.

- PAX Gold (PAXG) : PAX Gold est une cryptomonnaie adossée à l'or qui a été lancée en 2019 par la société Paxos. PAXG est liée à 1 once d'or physique, qui est stockée dans un coffre-fort de la compagnie de raffinage de métaux précieux, Valcambi.

Afin de vous orienter sur l'achat d'actions, d'ETF ou de cryptomonnaies, voici une liste non exhaustive de plateformes de trading en ligne reconnues et sérieuses :

- eToro : eToro est une plateforme de trading en ligne qui permet d'acheter et de vendre des actions, des ETF, des cryptomonnaies et d'autres instruments financiers. Elle est reconnue pour sa simplicité d'utilisation et sa grande sélection d'actifs.

- Plus500 : Plus500 est une plateforme de trading assez proche de eToro dans son fonctionnement. Elle est aussi reconnue pour sa grande sélection d'actifs et sa simplicité d'utilisation.

- Boursorama : Boursorama est une banque en ligne qui propose un service de courtage en ligne pour acheter et vendre des actions et des ETF. Elle est connue pour ses frais de courtage très compétitif.

- Degiro : Degiro est une plateforme de courtage en ligne qui permet d'acheter et de vendre des actions et des ETF. Elle est connue pour ses frais de courtage aussi très compétitif.

- Binance : Binance est une plateforme de trading de cryptomonnaies très populaire qui propose une large gamme de paires de trading et de services de sécurité avancés, tels que l'authentification à deux facteurs et la protection contre le vol de fonds.

- Coinbase : Coinbase est une plateforme de trading de cryptomonnaies très simple à utiliser, qui propose également une large gamme de paires de trading et de services de sécurité avancés, tels que la protection contre le vol de fonds et l'assurance des fonds.

- Kraken : Kraken est une plateforme de trading de cryptomonnaies qui se concentre sur la sécurité et la qualité de service, avec des services de sécurité avancés tels que l'authentification à deux facteurs et la protection contre le vol de fonds.

- Bitfinex : Bitfinex est une plateforme de trading de cryptomonnaies reconnue pour sa qualité de service et ses fonctionnalités avancées, telles que l'effet de levier et les ordres en attente. La plateforme propose également des services de sécurité avancés, tels que l'authentification à deux facteurs et la protection contre le vol de fonds.

Nous terminerons sur quelques conseils en termes de sécurisation de portefeuille, tout particulièrement concernant les cryptomonnaies susceptibles au piratage :

- Utiliser un portefeuille de cryptomonnaies sécurisé : il est important de choisir un portefeuille de cryptomonnaies qui offre une bonne protection contre les vols de fonds, tels que Ledger ou Trezor. Ces portefeuilles permettent de stocker les clés privées de votre portefeuille de manière sécurisée, ce qui rend difficile pour les hackers de voler vos fonds.

- Activer l'authentification à deux facteurs : l'authentification à deux facteurs est un moyen de sécuriser votre portefeuille en exigeant une deuxième étape d'authentification avant de pouvoir accéder à votre compte. Cette deuxième étape peut être un code envoyé par SMS ou une notification push sur votre téléphone.

- Utiliser un mot de passe fort et unique : il est important de choisir un mot de passe fort et unique pour votre portefeuille de cryptomonnaies afin de protéger vos fonds contre les attaques par force brute.

- Ne pas partager votre clé privée : il est crucial de ne jamais partager votre clé privée avec quiconque, car elle donne accès à votre portefeuille et à tous vos fonds.

- Garder votre portefeuille à jour : il est important de mettre à jour régulièrement votre portefeuille de cryptomonnaies afin de bénéficier des dernières mises à jour de sécurité.

- Il est également recommandé de faire des sauvegardes régulières de votre portefeuille afin de pouvoir y accéder en cas de perte ou de vol de votre appareil.

Exemple de portefeuille "hardware" sécurisé: le Ledger Nano X.

Les risques liés à l'investissement dans l'or : fluctuation des prix, coût de l'achat et du stockage physique de l'or, risques politiques et économiques

Bien que considéré comme une valeur refuge, l'investissement dans l'or comporte également des risques, qui peuvent affecter la performance de votre investissement et votre capacité à réaliser un profit.

Voici quelques risques liés à l'investissement dans l'or :

- Risque de prix : évidemment le prix de l'or peut fluctuer en fonction de l'offre et de la demande, ainsi que de l'évolution des taux d'intérêt, de l'inflation et de la conjoncture économique. En investissant dans l'or, vous prenez le risque de voir la valeur de votre investissement fluctuer à la hausse mais aussi à la baisse.

- Risque de liquidité : l'or physique n'est pas aussi liquide que les actions ou les obligations, ce qui peut rendre difficile de le vendre rapidement et à un bon prix. Si vous avez besoin de vendre votre or rapidement, vous pourriez être contraint de le vendre à un prix inférieur à sa valeur réelle.

- Risque de vol ou de perte : si vous achetez de l'or physique, vous prenez le risque de le perdre ou de le voir volé. Il est important de prendre des mesures de sécurité pour protéger votre or, telles que le stocker dans un coffre-fort ou le détenir chez un tiers de confiance.

Il en est de même avec les cryptomonnaies adossées à l'or susceptibles d'être piratées (des conseils sur la protection du portefeuille numérique sont donnés dans le chapitre précédent).

- Risque de fraude : il existe de nombreuses arnaques liées à l'or, notamment des offres d'achat ou de vente frauduleuses. Il est important de faire affaire avec des vendeurs réputés et de vérifier le prix de l'or avant d'acheter pour vous assurer que vous payez le juste prix.

- Risque de dévaluation de la monnaie : l'or est souvent utilisé comme un moyen de stockage de valeur en cas de dévaluation de la monnaie. Cependant, il existe un risque que l'or soit lui-même dévalué en cas de changement de l'équilibre de l'offre et de la demande sur le marché de l'or.

L'une des principales causes des fluctuations du prix est l'offre et la demande. Comme pour tous les produits, le prix de l'or est influencé par l'offre et la demande. Si l'offre de l'or est supérieure à la demande, le prix de l'or pourrait baisser. À l'inverse, si la demande est supérieure à l'offre, le prix de l'or pourrait augmenter.

Les taux d'intérêt sont également un facteur clé de la fluctuation du prix de l'or. L'or est souvent considéré comme une alternative aux investissements à rendement fixe, comme les obligations.

Si les taux d'intérêt augmentent, les investissements à rendement fixe deviennent plus attrayants et la demande pour l'or peut diminuer, ce qui peut entraîner une baisse de son prix.

L'inflation peut également avoir un impact sur le prix. L'or est souvent utilisé comme moyen de protection contre l'inflation, car sa valeur est censée être stable dans le temps. Cependant, si l'inflation est élevée, la demande pour l'or peut augmenter, ce qui peut entraîner une hausse de son prix.

Enfin, la conjoncture économique peut également influencer le prix. Nous l'avons souvent répété l'or est souvent considéré comme une valeur refuge en temps de crise économique, ce qui peut entraîner une hausse de sa demande et donc de son prix. Cependant, si la conjoncture économique est favorable, la demande pour l'or peut diminuer, ce qui peut entraîner une baisse de son prix.

En plus du prix de l'or, il y a également des coûts associés à l'achat et à la possession de l'or physique. Si vous achetez de l'or physique, vous devrez peut-être payer des frais de courtage ou des frais de livraison. Si vous achetez de l'or en vrac, vous devrez peut-être payer des frais de stockage pour entreposer votre or en toute sécurité. Cela peut impliquer des frais de location de coffre-fort ou de garde-meuble. Si vous le stockez dans un coffre-fort, vous devrez vous assurer que le coffre-fort est suffisamment sécurisé et que les frais de location ou de garde sont raisonnables.

Il y a plusieurs options pour stocker de l'or en France :

- Les coffres-forts de banques : de nombreuses banques proposent des services de coffre-fort pour stocker de l'or et d'autres biens de valeur. Cela peut être une solution sécurisée, mais elle peut également être coûteuse. Par exemple, la Banque de France propose des coffres-forts pour stocker de l'or et d'autres biens de valeur, avec différentes tailles de casiers disponibles en fonction des besoins.

- Les sociétés de stockage de métaux précieux : il existe des sociétés spécialisées dans le stockage de métaux précieux, qui proposent des solutions de stockage sécurisées pour l'or et d'autres métaux précieux. Par exemple, BullionVault est une société qui propose un service de stockage de métaux précieux en ligne, avec des installations de stockage sécurisées dans plusieurs pays.

- Chez soi : il est également possible de stocker de l'or à la maison, mais il est important de prendre des mesures de sécurité pour protéger cet or, comme l'installation d'un coffre-fort ou de dispositifs de sécurité supplémentaires. Il est recommandé de choisir un coffre-fort de qualité qui répond aux normes de sécurité élevées, comme ceux proposés par la marque Fichet-Bauche.

Le coffre-fort de particulier ?

Les coffres-forts de particuliers sont des dispositifs de sécurité permettant de protéger vos biens de valeur, tels que de l'argent, de l'or ou des bijoux, contre le vol ou la perte. Ils sont disponibles dans une variété de tailles et de styles pour s'adapter à vos besoins de stockage.

Il existe plusieurs facteurs à prendre en compte lors du choix d'un coffre-fort de particulier :

- La qualité de la serrure : les nouvelles serrures électroniques sont performantes mais certains opteront pour un modèle avec une serrure à combinaison mécanique, car elles sont moins sujettes aux pannes et plus difficiles à ouvrir par effraction.

- La résistance au feu : si vous habitez dans une région à risque d'incendie, choisissez un coffre-fort résistant au feu pour protéger vos biens des flammes.

- La résistance aux chocs : pour éviter que votre coffre-fort ne soit endommagé lors d'un déménagement ou d'un tremblement de terre, optez pour un modèle qui est résistant aux chocs.

- La taille : mesurez l'espace disponible dans votre maison pour trouver un coffre-fort qui y rentrera tout en offrant suffisamment de place pour stocker vos biens.

- Les options de fixation : il est recommandé de fixer le coffre au mur ou au sol pour empêcher les voleurs de le déplacer ou de le soulever.

Voici quelques exemples de coffres-forts de particuliers de qualité :

- Coffre-fort ignifuge SentrySafe : ce modèle est certifié pour résister aux flammes pendant jusqu'à 1 heure et est équipé d'une serrure électronique performante (ex: les modèles SFW).

- Coffre-fort ignifuge First Alert : ce modèle est également certifié pour résister aux flammes pendant jusqu'à 1 heure et est doté d'une serrure à combinaison mécanique.

- Le coffre-fort Ignis : ce modèle est équipé d'une serrure à clé et est conçu pour résister aux flammes pendant jusqu'à 1 heure. Il est également doté d'un revêtement en acier trempé pour résister aux chocs.

- Le coffre-fort de sol Mesa : ce modèle en acier trempé est doté d'une serrure à combinaison à roues et peut être fixé au sol pour une sécurité accrue.

- Le coffre-fort de mur Stack-On : ce coffre en acier est doté d'une serrure à empreintes digitales et peut être facilement installé dans un mur creux pour une protection supplémentaire.

- Le coffre-fort de table GunVault : ce modèle portable en acier est doté d'une serrure à empreintes digitales.

Coffret-fort Sentry Safe modèle extra-large SFW123ES

Coffret-fort Mesa sur roues MF75E-BLK

Coffret-fort GunVault à empreintes digitales MultiVault Deluxe

L'or est également sujet à de nombreux risques politiques qui peuvent affecter son cours. Un des risques politiques les plus importants liés à l'or est celui de la dévaluation des monnaies. L'or est généralement coté en devise et son prix est donc affecté par l'évolution du taux de change. Si la monnaie dans laquelle est coté l'or se dévalue, le prix de l'or peut augmenter, ce qui peut être bénéfique pour les investisseurs. Cependant, si la monnaie dans laquelle est coté l'or se apprécie, le prix de l'or peut diminuer, ce qui peut être négatif pour les investisseurs.

Un autre risque politique lié à l'or est celui des restrictions ou interdictions d'achat ou de possession d'or. Certains gouvernements peuvent imposer des restrictions sur l'achat ou sa possession pour diverses raisons, comme des raisons politiques ou économiques. Ces restrictions peuvent affecter son prix et rendre difficile pour les investisseurs de s'en procurer. La confiscation est aussi possible. Dans le passé, de nombreux gouvernements ont confisqué les réserves d'or de leurs citoyens en temps de crise, souvent pour financer des dépenses publiques ou pour stabiliser leur monnaie. Par exemple, en 1933, le président américain Franklin D. Roosevelt a ordonné la confiscation de tout l'or des citoyens américains par le *Gold Reserve Act*, obligeant les gens à vendre leurs réserves d'or au prix fixé par le gouvernement. Cette mesure a été prise dans le but de stabiliser le dollar, mais elle a également entraîné une baisse importante de la confiance des investisseurs dans l'or comme valeur refuge. Cette mesure sera suspendue peu avant la fin de la conversion du dollar en or, en 1975.

Voici d'autres exemples où les autorités ont décidé de limiter, d'interdire, ou de rendre transparente la possession de l'or aux particuliers à travers l'Histoire :

- En 1720, en France, le ministre des finances John Law de Lauriston oblige les détenteurs de plus de 500 livres en or à les convertir en papier monnaie via plusieurs édits royaux et sous peine de confiscation.

- En septembre 1793, en France, l'échange des assignats contre espèces en or est interdit sous peine de mort.

- En décembre 1935, l'État fasciste italien "encourage" de manière musclée le don des alliances, bijoux et pièces en or au gouvernement — opération appelée *Oro alla Patria* — pour lutter contre les mesures répressives imposées par la Société des Nations ; un registre des citoyens donateurs est établi.

- En octobre 1936, en France, le gouvernement du Front populaire par décret interdit le commerce de l'or et les propriétaires de plus de 200 grammes d'or sont obligés de les céder à la Banque de France, laquelle est nationalisée. Le décret du 17 février 1937 assimile la détention d'or à de la contrebande, décision suspendue le 9 mars suivant pour impopularité : le commerce de l'or redevenait libre.

- En octobre 1944, un décret du gouvernement provisoire de la République française dirigé par Charles de Gaulle ordonne de confisquer le produit des transactions effectuées par des particuliers avec l'occupant durant la guerre, et de les reverser au Trésor public ; un autre interdit tout forme de transaction sur l'or.

Le mécanisme se double d'une autre ordonnance en juin 1945 qui impose aux Français de changer en 15 jours les anciens billets de banque contre des nouveaux, et de justifier la provenance au-delà d'une certaine somme. L'ensemble des transactions sur l'or est durant cette période non anonyme et toute possession doit également être justifiée. Le marché de l'or redevient libre en février 1948.

- En 1959, en Australie, l'or des particuliers est nationalisé.

- En 1966, en Grande-Bretagne, l'importation d'or est interdite.

- En 1968, en Inde, interdiction pour les particuliers de détenir de l'or sous forme de pièces ou lingots (mesure abrogée en 1990).

Le risque de nationalisation est donc également un risque politique important à prendre en compte. Dans certains pays, les mines d'or et les réserves d'or sont la propriété de l'État et sont exploitées par des entreprises étatiques. Si un gouvernement décide de nationaliser ces entreprises ou de réquisitionner les réserves d'or, cela peut entraîner une baisse de la production et une augmentation des coûts pour les entreprises minières, ce qui peut affecter négativement le prix sur le marché.

Le risque de guerre est également un facteur de risque politique pour l'or. En cas de conflit armé, les réserves peuvent être confisquées ou détruites, ce qui peut affecter la disponibilité de l'or sur le marché et entraîner une hausse de son prix.

Enfin, l'or est souvent utilisé comme monnaie d'échange dans les transactions illicites, ce qui peut entraîner des risques politiques liés à la réglementation et à la légalité de ces transactions.

Chapitre 4: L'or dans les portefeuilles d'investissement : stratégies et recommandations

Comment intégrer l'or dans un portefeuille d'investissement : pourquoi et comment diversifier son portefeuille avec de l'or

La diversification de son portefeuille est une stratégie importante pour minimiser les risques et maximiser les rendements de son investissement. L'or est un actif qui peut être utilisé pour diversifier un portefeuille, car nous l'avons dit il a tendance à réagir différemment des autres actifs financiers comme les actions ou les obligations. En effet, lorsque les autres actifs financiers sont sous pression, l'or a tendance à être moins affecté et peut même être source de rendement.

Souvent, avoir un bon portefeuille d'investissement sera un équilibre (qui évolue selon le contexte économique) entre les "risk on" et les "risk off". Les termes "risk on" et "risk off" sont utilisés pour décrire l'appétit des investisseurs pour le risque en général.

"Risk on" désigne une période où les investisseurs sont enclins à prendre des risques et à acheter des actifs risqués, tels que les actions, les obligations à haut rendement ou les cryptomonnaies. Pendant ces périodes, les marchés financiers sont généralement positifs et les rendements des actifs risqués sont élevés.

Au contraire, "risk off" désigne une période où les investisseurs sont réticents à prendre des risques et préfèrent se tourner vers des actifs plus sûrs, tels que l'or ou les obligations d'État. Pendant ces périodes, les marchés financiers sont généralement négatifs et les rendements des actifs risqués sont faibles.

Il existe plusieurs facteurs qui peuvent influencer l'appétit pour le risque des investisseurs. Par exemple, les incertitudes économiques, les tensions géopolitiques ou les problèmes de crédit peuvent inciter les investisseurs à se tourner vers des actifs plus sûrs en période "risk off". Inversement, lorsque l'économie est solide et que les perspectives sont favorables, les investisseurs sont plus enclins à prendre des risques en période "risk on".

Il est important de comprendre les différences entre "risk on" et "risk off" et de savoir comment ces deux tendances peuvent affecter votre portefeuille. En diversifiant votre portefeuille et en investissant dans différentes classes d'actifs, vous pouvez atténuer les risques liés aux fluctuations du marché et améliorer la performance globale de votre portefeuille.

Il n'existe pas de répartition idéale unique pour tous les portefeuilles d'investissement. La meilleure répartition dépend de nombreux facteurs, tels que votre profil de risque, vos objectifs financiers à court et à long terme, votre tolérance au risque et votre horizon de placement.

Toutefois, il est également important de ne pas surdiversifier, car cela peut réduire votre rendement global en raison des coûts de transaction et de gestion associés.

Mais en incluant de l'or dans votre portefeuille, vous pourrez minimiser les risques liés aux mouvements de marché et protéger son capital en cas de crise. Cela peut être particulièrement utile pour les investisseurs qui ont une horizon de placement à long terme et qui cherchent à se prémunir contre les fluctuations à court terme.

Enfin, bien que non évoqué jusqu'à présent, nous insistons sur l'importance d'une bonne diversification qui passe aussi par l'investissement immobilier. Cela peut inclure l'investissement dans l'immobilier locatif ou l'achat de parts de SCPI (société civile de placement immobilier). L'immobilier peut offrir un rendement régulier et une certaine protection contre l'inflation, mais il peut également être affecté par les fluctuations des marchés immobiliers.

Les différentes approches de l'investissement dans l'or : investissement à long terme, trading à court terme, fiscalité et succession

L'investissement dans l'or est souvent dans une "pensée" à long terme. Le plus grand reproche fait à l'or est son absence de rendements réguliers : il ne produit ni dividendes comme les actions, ni coupons comme les obligations. Sa plus-value se réalise en effet au moment de la vente.

Cependant depuis 1971 (année de la fin de l'étalon or), la valeur de l'or a augmenté de 11 % en moyenne par an : une performance comparable à celle des actions mais supérieure à celle des obligations sur la même période. Sa valeur a été multiplié par presque 7 fois depuis 2000.

Ce qui précède explique pourquoi l'une des principales motivations d'achat d'or physique réside dans la constitution d'une épargne de longue durée. Il faut donc regarder son évolution non à court terme, mais sur des périodes de moyen/long terme (3,5,10 ans…).

Il y a plusieurs exemples d'investissement dans l'or qui ont permis de réaliser des gains. Un premier exemple est celui des investisseurs qui ont acheté de l'or physique au début de la crise financière de 2007-2008. À cette époque, le prix de l'or a fortement augmenté, atteignant un pic de près de 1 900 dollars l'once en 2011. Ceux qui avaient acheté de l'or à des prix inférieurs ont donc réalisé d'importants gains lors de la revente de leurs lingots ou de leurs pièces.

Un autre exemple est celui des investisseurs qui ont acheté des actions d'entreprises de l'industrie de l'or, comme Barrick Gold ou Newmont Mining. Ces entreprises ont enregistré de fortes hausses de leur cours boursier jusqu'à 2012, ce qui a permis à leurs actionnaires de réaliser de jolis gains.

Action Barrick Gold (pour 1 000 $ d'actions) comparée au cours des métaux précieux depuis 1985. En orange: action Barrick Gold (axe de gauche); En bleu: cours des métaux précieux (axe de droite). Source: seekingalpha.com

Enfin, certains ont réalisé des gains importants en investissant dans des ETF sur l'or, comme le SPDR Gold Shares (GLD). Ces ETF ayant suivi les bonnes performances de l'or et ont permis aux investisseurs de profiter de l'évolution de son cours sans avoir à acheter de l'or physique.

Afin de se donner une idée de l'évolution du prix de l'or et des gains possibles, voici quelques chiffres : en janvier 2000, le prix de l'or était d'environ 280 dollars l'once, tandis qu'en janvier 2020, il était d'environ 1 600 dollars l'once.

Si vous aviez acheté 10 000 euros d'or en 2000, cela aurait représenté environ 35,7 onces d'or. En revendant cet or en 2020, vous auriez donc réalisé un gain de (1 600 - 280) x 35,7 = 45 240 dollars, soit environ 37 830 euros (taux de change indicatif). Cependant, il convient de noter que cette estimation ne tient pas compte des frais d'achat et de vente de l'or, qui peuvent impacter votre gain final.

Bien qu'en général évoqué comme un investissement de long terme, l'or peut aussi très bien se trader à court terme. Le trading court terme, également connu sous le nom de "day trading", est une forme de spéculation financière qui consiste à acheter et vendre des actifs financiers en un laps de temps très court, généralement dans la même journée. Cette stratégie de trading est souvent utilisée par les traders professionnels et les investisseurs actifs qui cherchent à profiter de la volatilité des marchés financiers à court terme.

Il existe plusieurs avantages à pratiquer le trading court terme. Tout d'abord, cette stratégie permet de profiter des mouvements de prix à court terme, qui peuvent être très importants et très rapides. En effet, les marchés financiers peuvent être très volatils et les mouvements de prix peuvent être très rapides, ce qui peut offrir de nombreuses opportunités de trading. De plus, le trading court terme permet de réaliser des profits très rapidement, ce qui peut être très attractif pour certains traders.

Cependant, le trading court terme comporte également des risques importants.

Tout d'abord, il est nécessaire de disposer d'une bonne connaissance des marchés financiers et de disposer de solides compétences en matière d'analyse technique et fondamentale pour réussir dans ce domaine.

De plus, le trading court terme peut être très stressant, car il faut être constamment en alerte et prendre rapidement des décisions importantes. Enfin, le trading court terme peut être coûteux, car il peut entraîner des frais de courtage et de financement plus élevés que dans le cas du trading à long terme.

> **Qu'est-ce qu'un bon signal d'investissement ?**
>
> Un bon signal technique d'investissement en bourse est une indication qui permet de déterminer quand il est judicieux d'acheter ou de vendre un actif. Il peut s'agir de différents types de indicateurs, tels que des moyennes mobiles, des lignes de tendance, des oscillateurs ou encore des modèles graphiques.
>
> Le but de ces signaux est de donner une indication sur la direction dans laquelle le cours d'un actif pourrait évoluer, en s'appuyant sur l'analyse technique des données historiques du marché. Il est important de noter que les signaux techniques ne sont pas infaillibles et que leur utilisation doit être complétée par une analyse fondamentale de l'actif en question.
>
> Nous vous recommandons de vous focaliser sur au moins trois points :
>
> - L'analyse du prix : il faut toujours acheter à un " bon" prix, si possible à un plus bas.
>
> - La localisation du trade : afin de bien positionner le trade de nombreux outils s'offrent à vous (retracement de Fibonacci, momentum, volume profile, etc.).

- **Les structures et figures de retournement : W bottom, M Top, Head & Shoulders, etc.** Cela afin d'identifier le renversement d'un marché.

Si ces trois signaux sont réunis alors le trade peut être engagé.

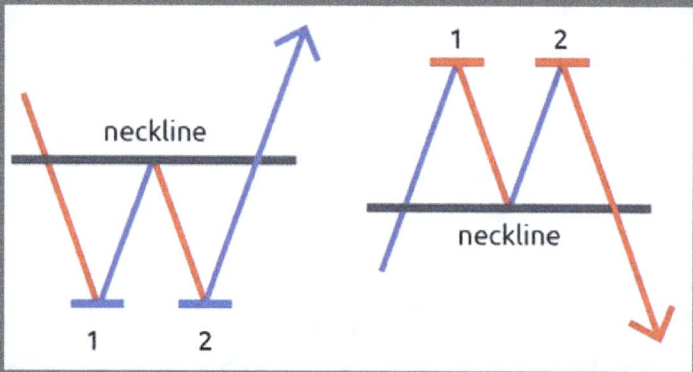

Exemples de W bottom à gauche, signal haussier, et de M Top à droite, signal baissier. Neckline: niveau de support ou de résistance.

L'or reste dans certaines périodes très volatile. Les prix peuvent donc parfois fluctuer rapidement, offrant ainsi de nombreuses opportunités de trading à court terme. Il existe plusieurs façons de trader l'or à court terme. Les traders peuvent utiliser des instruments financiers tels que les contrats à terme sur l'or, les options sur l'or ou les Contrats pour la Différence sur l'or pour spéculer sur les mouvements de prix à court terme.

Aux États-Unis, les contrats à terme sur l'or sont principalement négociés sur la Bourse des matières premières de New York (COMEX) et Euronext. En Inde, les contrats à terme sur l'or sont négociés sur la National Commodity and Derivatives Exchange (NCDEX) et la Multi Commodity Exchange (MCX). Voici une liste non exhaustive de ces produits dérivés (les ETF et cryptomonnaies adossées à l'or pouvant être considérés comme des produits dérivés mais ayant déjà été traités auparavant, ne seront pas repris ici) :

- Les contrats à terme sur l'or : ce sont des contrats qui permettent de spéculer sur l'évolution du prix de l'or à un moment donné dans le futur. Les contrats à terme sur l'or sont négociés sur des places de marché spécialisées, comme la London Metal Exchange ou la Chicago Mercantile Exchange.

- Les CFD (Contrats pour la Différence) sur l'or : ce sont des instruments financiers qui permettent de spéculer sur l'évolution du prix de l'or sans avoir à acheter l'actif physique. Les CFD sur l'or sont proposés par de nombreux courtiers en ligne et peuvent être utilisés pour trader l'or à la hausse ou à la baisse.

- Les options sur l'or : ce sont des instruments financiers qui permettent de spéculer sur l'évolution du prix de l'or à un moment donné dans le futur. Les options sur l'or peuvent être achetées ou vendues et permettent de couvrir ou de spéculer sur les mouvements de prix de l'or.

Évoquons maintenant la fiscalité de l'or. En France, la fiscalité de l'or dépend de la forme sous laquelle il est détenu. Si vous achetez de l'or physique sous forme de lingots ou de pièces, il n'y a pas de taxe sur la vente.

Toutefois, si vous achetez de l'or sous forme de bijoux, une taxe sur la valeur ajoutée (TVA) de 20 % est applicable.

Si vous investissez dans l'or en achetant des actions ou des fonds négociés en bourse (ETF), vous êtes soumis aux mêmes règles de fiscalité que pour tout autre investissement boursier. Vous êtes soumis à l'impôt sur le revenu au taux de 12,8 % sur les gains réalisés, moins un abattement de 10 % pour frais de gestion. Si vous êtes imposable sur le revenu, vous pouvez opter pour le prélèvement forfaitaire unique (PFU) à hauteur de 21 % (30 % pour les personnes imposables sur le revenu dans la tranche à taux marginal supérieur à 30 %).

Il est important de noter que si vous détenez de l'or physique en tant que valeur refuge, il n'est pas considéré comme un actif financier et n'est donc pas soumis à l'imposition des plus-values. Cependant, si vous achetez de l'or dans le but de le revendre à un profit à court terme, cela peut être considéré comme de l'investissement et être soumis à l'imposition des plus-values. Si vous revendez cet or à un prix supérieur à celui que vous avez payé, vous devrez payer des plus-values sur les bénéfices réalisés. À la suite de la loi de finances rectificative pour 2005 du 30 décembre 2005, les plus-values peuvent désormais être imposées selon un régime proche du droit commun (sans abattement).

Depuis le 1er janvier 2006, les particuliers peuvent opter pour le régime des plus-values : cela consiste à payer 34,5 % sur la plus-value réalisée, avec une décote de 10 % par an à partir de la troisième année de détention.

À la suite de la suppression de l'ISF, l'État français se décide à collecter de nouvelles recettes et a donc augmenté de 1 % la taxation de l'or depuis le 1er janvier 2018.

Elle s'établit donc à 11 % et elle sera soumise à une taxe sur le régime des plus-values réelles (36,2 %).

Les Français ne résidant pas en France ne doivent pas payer cette taxe mais la taxe du pays de résidence ou plus précisément du pays de déclaration des impôts.

Il est recommandé de consulter un conseiller fiscal ou un expert-comptable pour connaître les règles de fiscalité applicables à votre situation et éviter toute erreur de calcul ou de déclaration. Il est aussi recommandé de conserver tous les justificatifs d'achat et de vente afin de pouvoir justifier le prix d'achat et de vente de l'or.

En conclusion, la fiscalité de l'or en France dépend de la forme sous laquelle il est détenu et de votre objectif d'investissement. Si vous achetez de l'or physique en tant que valeur refuge, il n'est pas soumis à l'imposition des plus-values. En revanche, si vous achetez de l'or dans le but de le revendre à un profit à court terme, cela peut être considéré comme de l'investissement et être soumis à l'imposition des plus-values.

Les recommandations pour investir dans l'or : évaluation de ses objectifs d'investissement, choix des produits d'investissement adaptés, gestion du risque

Les recommandations évoquées ici ne sont pas seulement liées à l'or mais sont aussi de grands principes généraux d'investissement à garder en tête.

L'évaluation de ses objectifs d'investissements financiers est une étape cruciale avant de se lancer dans tout projet d'investissement. En effet, cela permet de déterminer quels sont vos objectifs à long terme, votre horizon de placement, votre tolérance au risque et votre niveau d'expérience en matière d'investissement. Cela vous permettra également de choisir les produits d'investissement les plus adaptés à votre profil et à votre stratégie d'investissement.

Pour évaluer vos objectifs d'investissement, voici quelques étapes à suivre :

1. Définissez vos objectifs à long terme : il est important de savoir ce que vous voulez atteindre à long terme avec votre argent. Par exemple, souhaitez-vous épargner pour votre retraite, pour l'achat d'une maison ou pour un projet professionnel ?

2. Déterminez votre horizon de placement : votre horizon de placement désigne la période de temps pendant laquelle vous comptez investir votre argent. Plus votre horizon de placement est long, plus vous avez de temps pour profiter de la croissance potentielle de vos investissements.

3.Évaluez votre tolérance au risque : il est important de connaître votre tolérance au risque afin de choisir des produits d'investissement adaptés. Si vous êtes peu enclin au risque, vous préfèrerez peut-être des placements plus sécurisés, tels que l'obligation ou le livret d'épargne. En revanche, si vous êtes prêt à prendre plus de risques, vous pourriez être intéressé par des placements plus volatils, tels que l'action ou les fonds communs de placement.

4.Évaluez votre niveau d'expérience en matière d'investissement : votre niveau d'expérience en matière d'investissement peut également influencer votre choix de produits d'investissement. Si vous êtes débutant en investissement, vous pourriez préférer des produits plus simples et plus accessibles, tels que les fonds communs de placement ou les ETF. En revanche, si vous avez déjà une expérience significative en matière d'investissement, vous pourriez être intéressé par des produits plus complexes, tels que les actions ou les options.

Une fois ces objectifs évalués vous pourrez vous focaliser sur la stratégie que vous souhaitez adopter pour l'or.

Si votre objectif est le long terme. Nous l'avons démontré, l'investissement dans l'or est généralement considéré comme un bon placement à long terme. L'or a tendance à se maintenir voir à augmenter en valeur dans le temps, ce qui en fait une bonne option pour la diversification de votre portefeuille et pour protéger votre capital.

Si vous êtes un investisseur à long terme, vous devriez envisager d'acheter de l'or physique, comme des lingots ou des pièces, que vous pouvez conserver sur une période de plusieurs années.

Si vous êtes un investisseur à court terme, vous pouvez également investir dans l'or, mais vous devrez être plus actif dans votre gestion de votre portefeuille. Vous pouvez acheter des contrats à terme sur l'or, qui vous permettent de spéculer sur les fluctuations à court terme du prix de l'or. Vous pouvez également investir dans des fonds cotés en bourse (ETF) qui suivent l'évolution du prix de l'or, ou dans des actions d'entreprises de l'industrie de l'or. Cependant, il est important de rappeler une nouvelle fois que le trading à court terme comporte un risque de perte plus élevé que l'investissement à long terme, car le prix de l'or peut fluctuer rapidement en réponse à des événements économiques ou politiques.

Enfin, prenez bien en compte votre tolérance au risque. Si vous êtes un investisseur qui préfère minimiser les risques, vous devriez peut-être limiter votre exposition à l'or et diversifier votre portefeuille avec d'autres types d'actifs. Si vous êtes prêt à prendre plus de risques, vous pouvez investir une plus grande part de votre portefeuille dans l'or et utiliser des stratégies plus agressives, comme le trading à court terme.

Voici quelques conseils pour gérer ce risque :

- Diversification de votre portefeuille : ne mettez pas tous vos œufs dans le même panier. En diversifiant votre portefeuille, vous répartissez votre risque sur différentes classes d'actifs.

- Ne mettez pas tout votre argent dans l'or : l'or est une valeur refuge, mais il ne faut pas oublier qu'il est sujet aux fluctuations de prix. Il est donc recommandé de ne pas investir tout votre capital dans l'or.

- Gardez une partie de votre capital en liquidités : avoir une partie de votre capital disponible vous permet de profiter des opportunités qui peuvent se présenter sur les marchés.

- Ne prenez pas de risques inconsidérés : ne prenez pas de risques inconsidérés en espérant des gains rapides et importants. La gestion du risque est importante pour la durée de vie de votre portefeuille.

Chapitre 5: Conclusion : L'or dans l'avenir de la finance

Les perspectives de l'or

L'or a toujours occupé une place importante dans les marchés financiers, en tant que valeur refuge et moyen de stockage de richesse. Au cours de l'histoire, son utilisation a varié, passant de monnaie à objet de spéculation. Aujourd'hui, l'or reste un actif attractif pour de nombreux investisseurs, grâce à sa rareté et à sa stabilité relative.

Courant 2022, le métal jaune a été d'une grande stabilité. Une "performance", au vu des chutes parfois très lourdes des prix des placements alternatifs (actions, obligations, cryptomonnaies, immobilier…). L'or a profité des espoirs de moindre sévérité de la FED (la Federal Reserve, banque centrale américaine) sur le front des taux directeurs et du net reflux des taux à long terme sur les obligations d'État. En effet, l'or ne générant pas de revenu, il profite mécaniquement d'un reflux des taux réels (les taux moins l'inflation attendue), du fait de phénomènes d'arbitrage.

A cela s'ajoute le scandale FTX dans le monde des cryptomonnaies (début novembre 2022, la deuxième plus grande plateforme au monde d'échange de crypto-actifs, a fait faillite) qui a détourné les investisseurs particuliers des devises virtuelles.

Courant 2022, les cryptomonnaies ont donc subi une certaine désaffection, au profit de l'or, qui a gagné ses lettres de noblesse en tant que seul actif de référence véritablement diversifiant et sécuritaire.

Même si la flambée du dollar américain reste probablement un obstacle, il existe des signes positifs pour le prix de l'or, comme l'intérêt accru des banques centrales qui finira par avoir un impact sur le prix de l'or, le faisant grimper. Ainsi, dans leurs "prévisions chocs" pour 2023 (les scénarios que les banques jugent plus probables qu'anticipé actuellement par le marché), Standard Chartered (une banque multinationale basée à Londres, qui a été fondée en 1969 par la fusion de Standard Bank et Chartered Bank) et Saxo Bank (banque en ligne danoise spécialisée dans les services de courtage en ligne et les services de trading de devises) jugent d'ailleurs que le cours de l'or pourrait potentiellement exploser, pour atteindre 3 000 dollars selon la banque danoise et 2 250 dollars d'après la banque britannique, qui imagine en parallèle un effondrement supplémentaire du cours du bitcoin, jusqu'à 5 000 dollars, sur fond de phénomène de vases communicants entre la reine des cryptomonnaies.

Vous l'aurez compris avec cet ouvrage, en fin de compte l'or demeure un élément fascinant et complexe qui mérite d'être exploré et compris pour pouvoir en tirer le meilleur parti. Son ajout à un portefeuille d'investissement pourra aider à diversifier les risques et à protéger les avoirs en période de turbulences économiques en réduisant la volatilité globale de votre portefeuille.

Bibliographie

Sur la gîtologie (mise en place géologique) de l'or :

"Gold: The Natural History of a Commodity" de Andrew Lamb : Ce livre présente une vue d'ensemble de la géologie de l'or, de sa formation jusqu'à son exploitation.

"Gold: An Introduction to the Metal and Its Geology" de R. F. Symes : Ce livre offre une introduction accessible à la géologie de l'or et explore les différents types de gisements d'or et les méthodes utilisées pour les extraire.

"Gold: Its Occurrence and Extraction" de William Alexander : Dans ce livre, l'auteur examine en détail la géologie de l'or et les méthodes utilisées pour l'extraction de cet élément précieux.

L'or et son histoire :

"Gold: A Cultural Encyclopedia" de Paul Karting : Ce livre présente une vue d'ensemble de l'histoire de l'or, de ses débuts dans les civilisations antiques jusqu'à nos jours.

"The Golden Thread: A History of Money" de David Darlington : Dans ce livre, l'auteur retrace l'histoire de l'or en tant que monnaie et valeur refuge, ainsi que les raisons pour lesquelles l'or a été choisi comme moyen de paiement à travers les siècles.

"Gold: A Cultural Encyclopedia" de Paul Karting : Ce livre explore les différentes utilisations de l'or dans les cultures du monde entier, ainsi que les légendes et les mythes qui entourent cet élément précieux.

"The Golden Constant: The English and American Experience, 1560-1976" de Roy Jastram: Ce livre examine l'histoire de l'or en tant que monnaie et valeur refuge, depuis la fin du Moyen Âge jusqu'à la fin du XXe siècle.

"Gold: A Cultural Encyclopedia" de Paul Karting: Ce livre présente une vue d'ensemble de l'histoire de l'or, de ses débuts dans les civilisations antiques jusqu'à nos jours.

L'or et les marchés financiers :

"The Golden Constant: The English and American Experience, 1560-1976" de Roy Jastram: Ce livre explore l'histoire de l'or en tant que monnaie et valeur refuge, depuis la fin du Moyen Âge jusqu'à la fin du XXe siècle.

"Gold: The Once and Future Money" de Nathan Lewis: Ce livre présente une analyse historique de l'or en tant que monnaie et propose une réflexion sur son rôle futur dans le système financier mondial.

"Gold as an Investment" de George M. Foster: Ce livre examine les avantages et les inconvénients de l'investissement dans l'or, ainsi que les différentes manières d'investir dans l'or (pièces d'or, lingots, ETF, etc.).

"Gold: The Final Standard" de Nathan Lewis: Dans ce livre, l'auteur propose une réflexion sur le rôle de l'or comme monnaie finale et sur les avantages qu'un retour à un système monétaire fondé sur l'or pourrait apporter.

Afin de parfaire vos connaissances, voici une liste d'ouvrages sur le trading :

"The Intelligent Investor" de Benjamin Graham: Ce livre est considéré comme une référence en matière d'investissement et offre une introduction au trading de manière accessible.

"Technical Analysis of the Financial Markets" de John J. Murphy: Ce livre est considéré comme une référence en matière d'analyse technique et offre une introduction approfondie aux différentes méthodes utilisées par les traders pour analyser les mouvements des marchés financiers.

"The Day Trader's Bible" de Richard D. Wyckoff: Ce livre offre une introduction au trading de jour et présente les différentes stratégies et techniques utilisées par les traders pour profiter des mouvements à court terme des marchés.

"Trading in the Zone" de Mark Douglas: Dans ce livre, l'auteur explore les aspects psychologiques du trading et offre des conseils pour développer la discipline et la maîtrise de soi nécessaires pour réussir dans ce domaine.

"The New Trading for a Living" de Alexander Elder: Ce livre est considéré comme une référence en matière de trading et offre une introduction complète aux différentes stratégies et techniques utilisées par les traders pour réussir sur les marchés financiers.

Quelques sites internet pertinents :

World Gold Council , site du World Gold Council, qui offre de nombreuses informations sur l'or, y compris sur son utilisation dans les marchés financiers : https://www.gold.org/

Le site de l'Agence France Trésor : https://www.tresor.economie.gouv.fr/Actualites/L-or-dans-les-reserves-internationales

Le site de l'Institut de Recherche sur l'Or : https://www.iro.com/fr/

Le site de l'Observatoire de l'Or : https://www.observatoiredelor.com/

Le site de l'Association Française de l'Or : https://www.afdor.org/

Banque de France : https://www.banque-france.fr/

Investing.com, site proposant des actualités, des analyses et des cours en temps réel sur l'or et les autres matières premières : https://www.investing.com/commodities/gold-historical-data

Kitco, site proposant des actualités, des analyses et des cours en temps réel sur l'or et les autres métaux précieux : https://www.kitco.com/

Or.fr, site de l'Association Française de l'Or, qui offre des informations sur l'or en France, y compris sur sa fiscalité et sa transmission lors d'un héritage : https://www.or.fr/

Bullionvault, site proposant des services de stockage et de négociation de l'or physique pour les investisseurs : https://www.bullionvault.com/

LBMA (London Bullion Market Association), le site internet du LBMA propose des informations sur l'association elle-même, ainsi que sur le marché de l'or en général. On y trouve notamment des données sur les prix de l'or, des publications et rapports sur le marché de l'or, des informations sur les membres de l'association et sur les activités: https://www.lbma.org.uk/

Voici quelques citations concernant l'or :

"L'or n'a pas de prix, c'est la monnaie qui a une valeur." - Napoléon Bonaparte

"L'or est une drogue qui rend les gens fous." - Voltaire

"L'or est le métal le plus précieux au monde, mais l'argent est l'un des métaux les plus utiles." - John W. Gardner

"L'or est un métal noble, mais il est aussi le symbole de tout ce qui est futile et vain." - Albert Camus

"L'or attire l'attention, mais l'argent est ce qui vous permet de vivre." - Proverbe chinois

"L'or est le métal qui, par excellence, résiste au temps et à l'usure." - Pline l'Ancien

"L'or est l'argent du pauvre." - Victor Hugo

"L'or est le métal que les dieux choisissent pour symboliser la richesse." - George Bernard Shaw

"L'or est le fil conducteur de l'histoire, l'argent n'est que son accessoire." - Napoléon Bonaparte

"L'or est la monnaie de tous les peuples, l'argent n'est que la monnaie des barbares." - John Locke

"L'or est le métal de l'élégance, de l'indépendance et de la liberté." - Jules César

"L'or est le métal qui transcende tous les autres, qui transcende les frontières, les religions, les langues et les cultures." - Gandhi

Vos notes

www.ingramcontent.com/pod-product-compliance
Lightning Source LLC
Chambersburg PA
CBHW050330220526
45465CB00012B/554